弱い日本の強い円

佐々木融

日経プレミアシリーズ

まえがき

２０１１年８月４日午前10時頃、77円ちょうど近辺で小動きとなっていた米ドル／円相場が急に米ドル高（円安）方向に上昇を始めた。顧客からの問い合わせを受け、トレーダーに何が起きているのかを問い質すセールスの叫び声と、シンガポールやシドニーの同僚がスピーカーを通じて「介入なのか？」と聞いてくる声が合わさって、ディーリング・ルームは騒然となる。トレーダーが「わからないけど、何かおかしいぞ！」と日本語と英語のチャンポンで叫ぶうちにも、米ドル／円相場は77・50円、77・70円、78・00円と上昇を続ける。そうこうしているなか、今度は米ドルを売ろうとする客、買おうとする客の注文をトレーダーに伝えるためにセールスが「マイン！（米ドル買い！）」「ユアーズ！（米ドル売り！）」と声を上げる。

「介入なんですか⁉」。若いセールスがベテランのトレーダーに詰問する。顧客の質問に応えるべく若いセールスも必死だ。トレーダーは顧客の注文をうまく市場に繋ぎ、自分のポジションに損失が生じないように全神経を集中して取引画面を凝視し、頭脳を回転させ続ける。暫くして情報端末の画面に、野田佳彦財務大臣（当時）が「円売り介入に踏み切った」との声明を発表したというニュースが流れた。

その2日ほど前、既に日本経済新聞が「政府は円売り・ドル買い介入の準備を進め、日銀は追加の金融緩和に向けた調整を始めた。米国も日本の円売り介入を事実上容認する姿勢だ」と報道していたのでさほど驚きはなかったが、それでもディーリング・ルームは介入の実施により一気に騒然となった。米ドル／円相場はその日、結局80・25円まで実に3円以上も上昇した。それまでの数週間、米国の債務上限引き上げの難航が米ドル売りの背景とされていたが、債務上限引き上げ問題は、実はその前の週末に解決していた。一方、野田財務大臣は「円は強く評価され過ぎている。日本のファンダメンタルズを反映しておらず、一方的に偏った動きだ」といった発言を繰り返していた。そんな状況で4兆円以上という1日の規模としては過去最大の米ドル買い・円売り介入を行ったわけであるから、「これで米ドル／円相場は反転して、米ドル高・円安方向に向かう」と考えた人も多かったであろう。しかし、相場は8月4日の80・25円をピークに反落し、3営業日後の8月9日には、介入を開始した77円ちょうど近辺を割り込んで76円台まで円高の進行を見た。

なぜか？　それは米ドルの下落は長期的に続いている現象で、原因は債務上限引き上げ問題とは全く別のところにあるからである。したがって、債務上限引き上げ問題が解決したところで米ドル安の流れは変わらないのである。また、円高方向への動きが、野田財務大臣の言うように本当に一方的に偏った動きであったならば、４兆円もの円売り介入後、わずか3営業日で元に戻るということはないはずだ。つまり、円高方向への動きは、決して一方的に偏った動きではなかったということである。

為替相場について語られる時、「為替相場はよくわからない」「為替相場は予測不可能」といった言葉を時折耳にする。実際には債券相場や株式相場も予測は難しい。それにもかかわらず、為替相場だけ特に「よくわからない」と言われるのはなぜだろうか。

１つには、為替相場変動のメカニズムが表面的には簡単に見えてしまうがために、変動の理由や背景がもっともらしく語られることが多いという問題がある。実際には、その変動メカニズムは複雑なのであって、一面だけを見てわかったつもりになってしまうことで生じる誤解である。

例えば、米国で金融システム危機が発生した際、米ドル／円相場は２００８年8月の１１０円台から12月の87円台まで、たった4か月で実に20％も急落した。この時、もし米ドル／円相場だけに注目していたら、為替相場の動きは非常に単純に見えたであろう。「米国金融システム危機を背景に米ドルが大量に売られ、米ドル安が進んだ」という解説は非常にもっともらしく聞こえる。

しかし、実際にはこの解説は間違っている。実はこの4か月間、米ドルは円に次いで2番目に強い通貨だったのである。つまり、円が「強い米ドル」よりも強かったために「米ドル安・円高」が進んだということなのだ。こうした状況の理解なしに、欧州やカナダ、豪州のメディアで為替相場に関する解説を読んだ人は混乱してしまったはずだ。なぜなら、そこには「米国の金融システム危機を受けて米ドルの買戻しが続いている」と解説されていたからである。

為替相場の予測を仕事とする我々でも、もし米ドル／円相場の動きだけしか見ることができなければ、為替市場で何が起きているのか説明することは不可能である。少なくともユーロ／米ドル、ユーロ／円、豪ドル／米ドル、豪ドル／円の動きも同時に見る必要がある。単純そうに見える為替相場変動のメカニズムは、実際には複雑なのである。それにもかかわらず、米ドル／円相場だけを見て解説されてしまうことが多いため、それが繰り返されていくうちに解説に矛盾が生じ、「よくわからない」ということになってしまうのである。

2つめの要因は、もっともらしく一般的に言われるような為替相場変動の根本的な要因が、多くの場合、的外れなものだということである。円についてはよく「日本は国力が弱いから円は弱くなる」「人口が減少している国の通貨を買う理由などない」などと言われる。これだけ聞くと、為替相場に関する知識がさほどない人は、全く違和感もなくすんなりと受け入れてしまうだろう。しかし実際には、国力と為替相場の関係は希薄である。そもそも国力が何を意味するのかも曖昧なのだが、仮に経済成長率が国力であると考えた場合、実際の動きは正反対、つまり、円の場合は成長率が低い時のほうが上昇する傾向が強い。耳あたりのよい解説に納得したものの、実際の動きはその通りにならないので、「為替相場はよくわからない」ということになるのである。

為替相場に関しては、驚くほどいい加減な解説が行われている場合が少なくない。さほど詳細な分析をしなくても、過去半年程度の相場の推移さえ確認すればすぐに正しくないことが明らかになるような解説さえある。足もとの動きを適当に重ね合わせた作り話ばかり聞かされていると、何が何だかわからなくなるのは当然だろう。

本書では、「為替相場はよくわからない」「予測不可能」と感じてしまう問題を解決するために、相場変動のメカニズムや本当の変動要因についてなるべくわかりやすく解説しようと思う。

為替相場は一見単純に見えるが、実は見た目よりは複雑である。相場を動かしている理由には長期、中期、短期で様々な要因があり、これらを複合的に分析する必要がある。時々、「為替相場にとって一番重要な要素は何ですか？」「これだけ見ていれば為替はわかる！　というものはありませんか？」と質問されることがあるが、とても1つに絞れるものではない。多種多様な市場参加者が、様々な思惑・事情で取引を行うことによって動いているのが為替相場なのである。

いまや天候の変化はかなりの確率で予想ができるようになっている。では、為替相場の変動は天候の変化よりも予想が難しいのだろうか。答えはおそらく「イエス」であろう。ただし、為替相場に限らず金融資本市場の動きは、自然現象よりも理解が容易となり得る要素もある。それは、金融資本市場は基本的には人間が何らかの意思を持って動くことによってしか変動しない、ということである。その証拠に、天候は週末も変化するが、為替相場は土日には全く動かない。つまり、人間が取引を行わない限り動かないもの。したがって、世界のなるべく多くの市場参加者の行動を事前に予想できれば、為替相場の動きも予想できるはずということになる。

したがって、為替相場に影響を与える要因をなるべく細かく整理・分析することで、為替相場の予想の精度をより高めていくことは可能と考えられる。

本書は、為替相場が変動する本当の要因をなるべく平易に解説することで、読者が為替相場を理解し、予想の精度を高めることに貢献できればと考えて執筆したものである。

目次

第2章 為替の市場とはどんなところか

第3章　国力が為替相場を決めるわけではない

第4章　円に買われる理由などいらない

第7章　米金利が下落すると円高になる

第　1　章

円高と円安
――その本質を理解する

為替相場に対する先入観を捨てよう

為替相場とは通貨と通貨の交換レートである。

こんなことを言うと、本書を手に取られた方の多くが、「そんなことはわかっている」と思われるだろう。しかし筆者としては、為替相場を理解し分析していくうえで、一番の基礎がこの「為替相場とは通貨と通貨の交換レートである」という点にあることを最初に強調しておきたい。あえて付け加えるとすれば、「単なる」通貨と通貨の交換レートでしかない、と言ってもいいくらいである。

今後話を進めていくなかでさらに詳しく解説するが、為替相場は決して国力を表すものではない。通貨の強弱は国力を表してなどいないのだ。また、国と国の経済成長率の違いを表しているものでもない。よく、「なぜ日本の経済成長率がこんなに弱いのに円が強くなるのか」と聞かれるのだが、こうした質問の背景には、為替相場には経済成長率や国力の違いが反映されるはずという先入観があるのだと思う。本書を読み進めて為替相場の本質、円高と円安の本質を理解していくためにも、まずこうした先入観を捨てて欲しい。後に詳しく解説するが、ここではまず、「為替相場は国力の違いを反映する」「経済力の弱い国の通貨は売られる」「人口減少がその国の通貨の下落に繋がる」という間違った先入観を捨てて欲しいのである。

実際、日本のバブル経済が崩壊した1990年以降の21年間、主要通貨の中で最も強かったのは円である。この間、国力や経済力は間違いなく日本より米国のほうが勝っていた。しかし、米ドルと円の強さを比較すると、米ドルのほうが円に対して圧倒的に弱くなっており、その価値は円に対して半分くらいに低下してしまっている。つまり、大幅な米ドル安・円高が進行しているのである。

時折、「マーケットが間違っている」と解説する人もいるが、21年もの長期間にわたりこうした現象が起きているのだから、マーケットが間違っているのではなく、為替相場が国力や経済力を反映するという考え方自体が明らかに間違っているのだ。繰り返しになるが、まずはこうした先入観を捨ててから本書を読み進めて欲しい。

米ドル／円相場は米ドルを主語にして考える

米ドルと日本円を交換する際の交換レートが、日頃新聞紙上やニュース番組等で馴染みの深い米ドル／円相場である。本稿を書いている2011年8月時点で米ドル／円相場は77円近辺であるが、ちょうど1年ほど前は86円台、2年ほど前は97円台で推移していたことを考えると、米ドルの円に対する価値はずいぶん下落した。「米ドルが下落」と言うと、為替相場に興味を持ち始めたばかりの方は、「86円から77円に数字が小さくなったから、『円に対して米ドルが下落』だけど、これって『円高』とも言うんだよな……つまり、『高くなった』のだから、上昇？……」と少し戸惑うかもしれない。

為替相場は2つの通貨の交換レートなので、本来、交換レートは2通りあることになる。難しく考える必要はない。例えば、「饅頭1つ＝100円玉1枚」である場合、これは「100円玉1枚＝饅頭1つ」と表示しても同じである。これを為替相場に置き換えると、「1米ドル＝77円」と「1円＝0・012987ドル（1÷77）」は同じことになる。

このように1つの「米ドル／円相場」という通貨ペアでも2つのレートがあるため、決まり事がないと、単純に「下落した」と言われても「下落したのはどっち？」と混乱してしまうだろう。こうした混乱を避けるため、為替相場では慣行としてどの通貨を先に持ってくる（主語にする）かが決まっている。米ドル／円相場の場合は、米ドルが主語である。したがって、「米ドル／円相場が下落した」と言えば、米ドルが下落したことになる。日本では「円／ドル相場」と言って円を主語にして説明しようとしたり、ひどい場合にはチャートも上下逆さまにしたりして表示する場合があるが、これは為替市場の世界的な慣行に反する。為替相場と今後長く付き合っていく可能性がある方は、こうした見方はせずに、最初から慣行に従って米ドルを主語にして考えて欲しい。「米ドル／円相場の数字が小さくなったら円高」と覚えると混乱するので、単純に、「米ドル／円相場の数字が小さくなったらドル安」と考えればよいのである。

本書を書き進めていくうちに、話は為替相場の動きの分析手法に移っていく。その際には、米ドル／円相場の下落した理由が「米ドル安」なのか「円高」なのか、その違いを見極める必要があると解説する。なかなかこの言い回しには慣れないと思うが、今の時点では、「米ドル／円相場の数字が小さくなったらドル安」と米ドルを主語にして考えるようにして欲しい。そして、米ドルと円の交換レートで米ドルが下落しているのだから、それは同時に「円高」なのだと。円を主語にしてしまうと「数字が小さくなっている＝円高」と違和感のある考え方をしなければならないので、是非、国際的な為替市場の慣行に沿って、「米ドルを主語」にして考えるようにして頂きたいのである。

因みにここで、「そうか、米ドルが基軸通貨だから主語になるのか」と思われるかもしれないが、それもまた別の話。基軸通貨云々ではなく、単純に「米ドル／円相場は米ドル主語で考える」と覚えて欲しい。なお、これはユーロ／円相場、豪ドル／円相場、加ドル／円相場、ブラジル・レアル／円相場でも皆同じである。円という通貨は韓国ウォンを除いて、ほとんどの場合外貨のほ

〈参考〉　通貨の略称

JPY	日本円	SGD	シンガポール・ドル
USD	米ドル	INR	インド・ルピー
EUR	ユーロ	HKD	香港ドル
GBP	英ポンド	IDR	インドネシア・ルピア
AUD	オーストラリア・ドル	BRL	ブラジル・レアル
NZD	ニュージーランド・ドル	MXN	メキシコ・ペソ
CAD	カナダ・ドル	ARS	アルゼンチン・ペソ
CHF	スイス・フラン	CLP	チリ・ペソ
SEK	スウェーデン・クローナ	PEN	ペルー・ソル
NOK	ノルウェー・クローネ	COP	コロンビア・ペソ
DKK	デンマーク・クローネ	ZAR	南ア・ランド
CNY	中国人民元	RUB	ロシア・ルーブル
KRW	韓国ウォン	HUF	ハンガリー・フォリント
TWD	台湾ドル	PLN	ポーランド・ズロチ
THB	タイ・バーツ	TRY	トルコ・リラ
MYR	マレーシア・リンギ	CZK	チェコ・コルナ
PHP	フィリピン・ペソ	ISK	アイスランド・クローナ

うを主語にして表記されるので、外貨を主語にして上昇した、下落したと考えればよいのである。

いつもユーロが一番先にくる

さて、為替相場は通貨と通貨の交換レートであるから、その種類は多岐にわたる。主要通貨だけでも円、米ドル、ユーロ、英ポンド、加ドル、豪ドル、ニュージーランド・ドル、スイス・フラン、ノルウェー・クローネ、スウェーデン・クローナ等があり、最近人気のあるブラジル・レアル、南ア・ランド、トルコ・リラ、人民元、韓国ウォン等新興市場通貨も入れればその種類はかなり多くなる。

今、ここでは15通貨を例として挙げたが、仮に世界にこの15通貨しかなかったとしても、為替相場（通貨ペア）は１０５もあることになるのだ（因みに、通貨にはそれぞれアルファベット3文字の略称があるので、参考までに表に示しておく）。これだけたくさんあると、為替相場の表示の仕方、つまりどちらを主語にするかを慣行として決めておかなければならない理由がおわかりいただけると思う。そうしないと、国際的な取引の際に混乱が生じてしまうのである。

おそらく「米ドルが基軸通貨なのだから、主語はいつも米ドルだろう」と思っている人も多いだろうが、実は、必ず主語になるのは米ドルではない。基軸通貨については後の章で説明するので、ひとまずここでは忘れて欲しい。為替相場を表示する時に、どんな組み合わせでも最初にくる（主語になる）のは、実はユーロである。例えば、先ほど挙げたユーロ以外の14通貨との通貨ペアを作成した場合、すべての場合についてユーロが主語になる。つまり、ユーロ／米ドル相場、ユーロ／円相場、ユーロ／英ポンド相場、ユーロ／豪ドル相場、ユーロ／トルコ・リラ相場といった具合である。だから、これらの為替相場について解説する時は常にユーロを主語にすれば理解は容易になる。

ユーロの次に主語になる通貨は何であろう。さすがに米ドルだろうと思われる方も多いと思うが、次に主語になるのは英ポンドである。つまり、ユーロ／英ポンド相場以外では、常に英ポンドが先にくるのだ。英ポンド／円相場、英ポンド／米ドル相場といった具合である。

ユーロ、英ポンドの次に来るのは？　「もうさすがに米ドルだろう」と思われるかもしれないが、豪ドル、ニュージーランド・ドルになる。したがって、豪ドル／円相場だけでなく、豪ドル／米ドル相場も豪ドルが主語になる。そして、その次にやっと米ドルがくる。つまり、ユーロ、英ポンド、豪ドル、ニュージーランド・ドル以外の通貨と米ドルの組み合わせの場合は、米ドルが先にくるのだ。米ドル／円相場、米ドル／加ドル相場、米ドル／スイス・フラン相場といった具合である。

円は主要通貨に対してはすべて後にくる。だから、主要な為替相場を考える時はすべて外貨を主語にしたほうがわかりやすいのである。これは、日本の国力が弱いからでも、円が弱いからでもない。繰り返しになるが、国力と為替相場は関係がないし、円は過去21年間ではスイス・フランと並んで最強通貨である。

理由は単純。桁数が大きいからである。円を主語にすると、表示はすべて小数点以下になってしまうからだ。例えば、円／米ドル相場は1円＝0・012987ドル、円／ユーロ相場は1円＝0・0091774ユーロ、円／英ポンド相場は1円＝0・008英ポンドとなってしまう。これではあまりにもわかりづらいので、すべて外貨のほうが主語になっているというわけだ（実際の取引慣行では、収益をカウントするほうの通貨で表示するために円を主語にすることもあるが、極めて稀なケースである）。因みに、韓国ウォンは円よりも桁が大きいので、通常円が主語になり、円／韓国ウォン相場として表示される。つまり、1円＝13・5ウォンのような形で表示され、解説や分析をする時も通常は円を主語に行う。

為替レートの意味

テレビのニュースなどを見ていると、アナウンサーが「現在の米ドル／円相場は78円10銭から15銭で取引されています」などと言ったりする。画面には「78・10―15円」と表示されているが、これは米ドルの買値と売値を表している。つまり、今、為替市場で米ドルを売って円を買いたい場合には78・10円で、逆に、米ドルを買って円を売りたい場合には78・15円で取引ができるということを意味している。

したがって、厳密には、アナウンサーが言う「78円10銭から15銭で取引されています」は間違いになる。正しくは「市場で米ドルを売りたいなら78円10銭で売れます。米ドルを買いたいなら78円15銭で買えます」であって、78円10銭と15銭の間には何もないのだ。それほど目くじらを立てることではないかもしれないが、正確に為替相場を理解するためには、こうしたこともしっかり理解しておいたほうがよいと思う。

因みに、皆さんが銀行の為替ディーラーで、市場で直接取引をできる立場なら78円10銭と15銭の間にも意味が出てくる。もし、ディーラーが78円10銭のような安値では米ドルを売りたくないが、78円14銭なら売ってもよいと考えた場合、78円10銭の買いオーダーを出している人に米ドルを売るのではなく、市場に78円14銭で売りオーダーを出すことができるのだ。誰かがそうした行動を取ると、市場の米ドル／円相場は「78・10―14円」と変化することになる。逆に、米ドルを買いたい人はそれまで78円15銭でしか買えなかったが、78円14銭で売ってもよいという売りオーダーが出たので、78円14銭で米ドルを買えるようになったのである。

ただし、ディーラーが売りたいと考えている米ドルは無限ではないはずなので、78円14銭に売りオーダーを出しているディーラーが一人だけなら、78円14銭で買える米ドルは彼が売りたいと思っている額だけということになる。そして、78円14銭で売りたいと思っていた米ドルがすべて買われてしまうと、市場の相場は再び「78・10―15円」に戻るのである。

通貨ペアを見る前に通貨ごとの強弱を見るべき

為替相場を分析する際に、もっとも気をつけなければならないのは、「通貨ペアごと」の分析

図表1-1

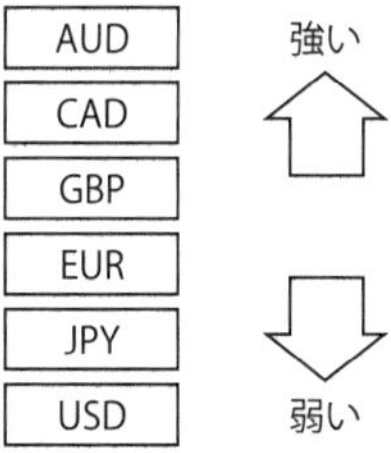

を行う前に、「通貨ごと」の分析を行うということである。例えば、ある1日の為替相場の動きを分析し、何らかの形で報告することを考えてみる。次のような解説を聞いて、この日の為替市場で何が起きたか理解することができるだろうか。

「米ドル／円相場は円高となったが、ユーロ／円ではユーロ高となった。英ポンド／円や豪ドル／円では円安が進んだ。因みにユーロ／米ドルでは米ドルが売られた」。

このように、通貨ペアごとに上がった・下がったと説明されると、非常にわかりにくく、「為替相場はよくわからない」ということになってしまう。

為替相場の動きを理解するには、図表1－1のような形で、通貨ごとの強弱で分析するほうがわかりやすい。と言うよりは、おそらくこの考え方が理解できないと、為替相場の動きを理解するのは不可能に近いであろう。

実は、前述したある1日の動きを通貨ごとの強弱で示すと、図表

1－1のようになる。この日の通貨ごとの強弱は、豪ドルが最も強く、逆に米ドル、円、ユーロの順に弱かったのである。したがって、この日の米ドル／円相場の動きを前述のように「円高」と説明するのは明らかに間違っている。円は2番目に弱い通貨だったのだが、米ドルが最弱だったから「ドル安・円高」方向に振れたのであり、この日の米ドル／円相場の動きは明らかに「米ドル安」なのである。そう考えると、ユーロ／円の動きを「ユーロ高」と説明するのにも違和感があるのがわかるだろう。ユーロは下から3番目に弱い通貨だったのだから、この日のユーロ／円の上昇は「円安」と説明されるべきなのだ。

為替相場は、図表1－1のように通貨を「積み木」のように積み上げて分析・説明するのが最もわかりやすい。この通貨ごとの順番は、一定期間の各通貨の対円相場の変動率を並べればよいだけだから、対象とする期間が1時間でも、1週間でも、1年間でも、同じ方法で簡単に作成できる。例えば、ある1週間の各主要通貨に対する円相場の変動率が以下のようであったとする。

豪ドル／円　＝＋5％（上昇）
加ドル／円　＝＋4％（上昇）
英ポンド／円＝＋3％（上昇）
ユーロ／円　＝＋2％（上昇）

図表1-2

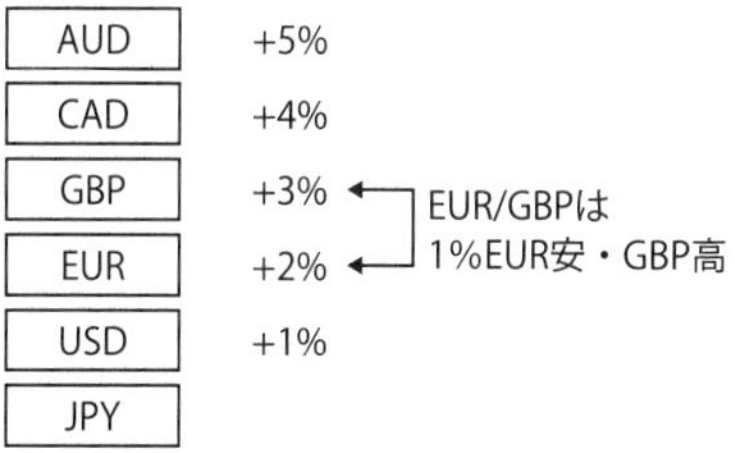

米ドル／円　＝＋1％（上昇）

この1週間の通貨を強い順に並べることができるだろうか？　難しく考える必要はない。答えは非常に単純で、豪ドル、加ドル、英ポンド、ユーロ、米ドル、円の順に強かったのである（図表1－2）。為替相場は互いに必ず裁定が利いているので、円を基準にして各主要通貨の対円相場の変動率さえわかれば順番に並べられる。因みに、この情報だけでユーロ／英ポンド相場がどちらにどれだけ動いたかもわかる。答えは1％ユーロ安である（3％－2％）。豪ドル／米ドル相場は、4％豪ドルが上昇している（5％－1％）こともわかるであろう。

この考え方は、為替相場を理解するうえで非常に重要なので、もう少し例を挙げて説明してみよう。ある4か月間の各主要通貨に対する円相場の変動率が以下のようであったとする。

米ドル／円　＝▲20％（下落）

ユーロ／円　＝▲23％（下落）

図表1-3

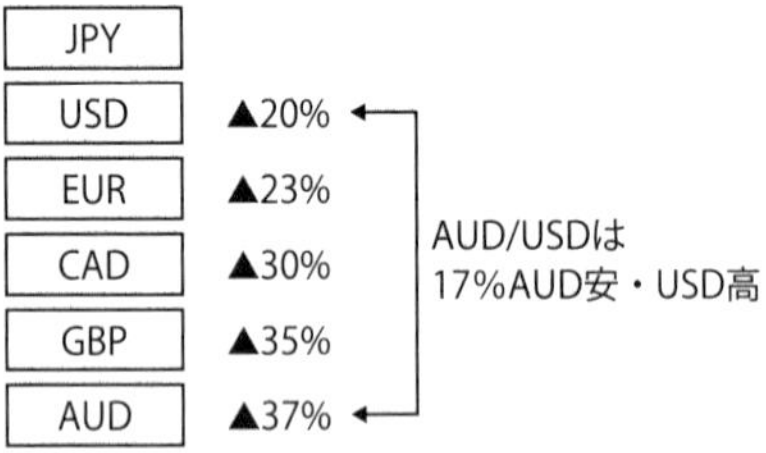

加ドル／円　＝▲30％（下落）
英ポンド／円＝▲35％（下落）
豪ドル／円　＝▲37％（下落）

これは実は２００８年8月半ば～12月半ばの4か月間、つまり米金融システム危機がピークであった時の円相場の変動率である。この期間の通貨を強い順に並べると、円、米ドル、ユーロ、加ドル、英ポンド、豪ドル、となる（図表１－３）。

米国の金融システム危機を受けて米ドル／円が20％も急落していた時期だが、そこだけに着目してしまうと、米ドルが弱かったように見えてしまう。米国の金融システムが不安定になっているのだから、これを受けて米ドルの下落と捉えたくなる気持ちは理解できる。しかし、上記のように為替相場をもう少し幅広く見ると、実は当時、米ドルは円に次いで強い通貨となっていたことがわかるのである。例えば、図表１－３からもわかるように、対円では20％も下落していた米ドルは、対豪ドルで見ると17％も上昇していた。豪州

図表1-4

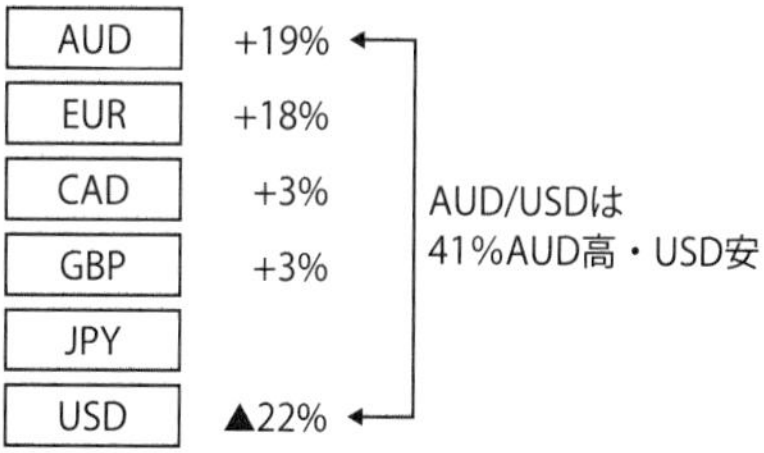

人には、米国で金融システム不安が発生していることにより、米ドルがどんどん強くなっていると見えていたのである。

もう1つ問題を解いてみよう。ある3年間の各主要通貨に対する円相場の変動率は以下のようであったとする。

豪ドル／円　＝＋19％（上昇）
ユーロ／円　＝＋18％（上昇）
加ドル／円　＝＋3％（上昇）
英ポンド／円＝＋3％（上昇）
米ドル／円　＝▲22％（下落）

これは2002～04年までの3年間の各主要通貨に対する円相場の変動率である。ITバブル崩壊を経て、世界経済が徐々に回復に向かい始めた時期であり、「円キャリー・トレード」の初期段階である。この3年間の通貨を強い順に並べると、豪ドル、ユーロ、加ドル、英ポンド、円、米ドル、となる（図表1－4）。前の2つの例と異なり、米ドル／円だけが他の通貨ペアとプラス・マイナスの符号が異なっている。対円でそれぞれの通貨の騰落率を表しているのであるから、符号が変わるところに円が入ることになる。したがって、英ポンドの次に強かったのが円で、最も弱かったのが米ドルとなる。上記の騰落率からこの3年間で米ドルが対豪ドルで41％（19％＋22％）も下落していたこともわかる。

為替相場は、このようにそれぞれの通貨ペアが勝手な動きをしているわけではなく、各通貨の動きがすべて整合性を持つように動いている。

こうして為替市場全体を見ると、米ドル／円相場だけから何が起きているかを判断するのは困難なのがわかるだろう。為替相場を理解・分析するには、必ず上記のように一定の主要通貨の動きを全体的に見る必要がある。為替相場を株式相場にたとえると、「米ドル／円相場」を「A社株」のように1つの会社の株価に見立てて、「米ドル／円相場」が上がった、下がったといった見方をするのは適切ではない。むしろ、「米ドル」「日本円」というようにそれぞれの通貨を1つの株式のように考え、為替相場は「A社株」と「B社株」との交換比率のように考えるべきなのである。このような視点から為替相場を見ずに、米ドル／円相場の動きだけを見て変動の理由をあれこれ考えても正しい答えは出てこないということだ。

もし、実際の為替相場の動きが図表1－2のような状況だった場合、為替相場をしっかり見ている人に、昨日米ドル／円相場が上昇した理由として、米国の金利上昇などを挙げて米ドルが強かったなどと説明したりすると、「なるほど。でも、昨日は米ドル／円だけではなく、ユーロ／円相場も上昇しているけど、ユーロが強かった理由は何ですか？」と質問されてしまうかもしれない。こうした質問に対して、また適当に「ドイツの金利が上昇して……」などと説明をしてしまったら、今度は「なるほど。実は昨日は英ポンド／円相場も上昇しているのだけど、英ポンドが強かった理由は何ですか？」と聞かれてしまうだろう。

きちんと分析をして、昨日のロンドン、ニューヨーク市場の動きは「円安」だったと気づいていれば、円が弱かった理由を探し解説するだけで済んだのに、他の通貨の動きを見なかったがために、とんでもない失敗を犯すことになってしまうのである。

こうした誤りは、実はメディアなどでも頻繁に発生している。単純に円が弱かったためにクロス円相場が全体的に上昇しているのに、そのなかから特定の通貨がピック・アップされてその強さが解説されていることがある。特に、ユーロや英ポンドにそうした例が多い。ユーロ／円相場や英ポンド／円相場が上昇しているのを見て、ユーロや英ポンドが強い理由についてまことしやかに解説されているのだ。こうした時には、豪ドル／円相場や加ドル／円相場の動きを見て欲しい。いつもとは言わないが、かなりの確率でユーロ／円相場や英ポンド／円相場よりも豪ドル／

円相場のほうが大きく上昇している。

つまり、ユーロや英ポンドが強いのではなくて、円が弱いだけなのである。ユーロや英ポンドが強い理由を説明するなら、豪ドルがさらに強い理由を説明しなければならない。ユーロ／円相場や英ポンド／円相場が上昇していることだけに目を奪われるとこうしたことが起きてしまうのである。

米ドル／円相場下落＝円高ではない

日本では一般的に為替相場といえば米ドル／円相場なので、これが下落すると、それはイコール「円高」と考えられてしまう。実際には「ドル安」により米ドル／円相場が下落していても、日本では「円高」と呼ばれてしまう。しかし、これまで説明してきたように、米ドル／円相場が下落することが即「円高」ではない。一方、ユーロ／円相場が下落するという現象はたいていの場合「ユーロ安」と呼ばれる。ユーロ／円相場が下落している時、その理由が「円高」であることも多いのだが、ユーロ／円相場の場合は「ユーロ安」と呼ばれる。こうした、いい加減な呼び方が定着しているので、「為替相場はわからない」ということになってしまうのである。

全体的な円相場のトレンドが「円安」であるなかで、米ドルが「弱い円よりもさらに弱くなる」

ことで米ドル／円相場が下落するような（前出の図表1－4）現象は頻繁に発生している。このような時に、米ドル／円相場だけを見て「円高」の理由を説明するのは明らかに間違っている。これを「円高」で説明すると、豪ドルやユーロ、加ドル、英ポンドがさらに強かった理由を説明する必要が出てくる。

ただ実際には、このように米ドル安のために米ドル／円相場が下落している時に、メディアなどで「円高」の理由が説明されているケースが驚くほど多い。こういう時にいい加減な解説が行われてしまうので、後々矛盾した動きが出てきてしまって、わからなくなってしまうのである。

クロス円の動きが理解できてはじめて為替相場が理解できる

筆者が為替相場に仕事としてはじめて携わったのは1994年6月、日本銀行本店国際局為替課に配属された時である。当時は米ドル買い介入が頻繁に行われていた最中だったので、最初から非常に慌しかった。当時の為替課には入行年次の近い先輩が何名かいて、そのなかにS先輩がいた。非常に残念なことに、本書執筆中にS先輩は急逝してしまったが、為替課に配属されて数日後にS先輩から教えられた言葉は今でもはっきり覚えている。「佐々木君、為替相場はね、クロス円（対米ドル以外の円相場）の動きが理解できて、はじめて理解できたと言えると思うよ」。その後も筆者は様々な形で為替相場に関わり続け、17年が経過したが、今でもこの先輩の一言は非常に的を射ていると思う。筆者も、はじめて為替市場に仕事として携わる後輩に同じことを言っている。

例えば朝、目が覚めて米ドル／円相場がロンドンとニューヨーク市場で上昇していたとしよう。その時、すぐにユーロ／円相場を見て欲しい。ユーロ／円相場も米ドル／円相場と同程度上昇していたら、米ドル／円相場上昇の背景は「円安」である可能性が高い。その時は確認のためにユーロ／米ドル相場を見て欲しい。おそらくユーロ／米ドル相場はあまり動いていないはずである。もし米ドル／円相場、ユーロ／円相場の両方が上昇していて、ユーロ／米ドル相場がほとんど動いていなければ、ロンドンとニューヨーク市場での米ドル／円相場の上昇は間違いなく「円安」によるものである。

この関係を図解すると図表1－5のようになる。つまり、米ドルもユーロも円に対して同程度上昇しているのだから、ユーロ／米ドル相場は動いていないはず。米ドル／円相場の上昇は「円安」であることがわかるであろう。

では、米ドル／円相場は同じく上昇していても、ユーロ／円相場は下落していた時はどうか。この時の米ドル／円相場上昇の理由とユーロ／ドル相場の動きは、ユーロ／円相場を見た瞬間に

図表1-5

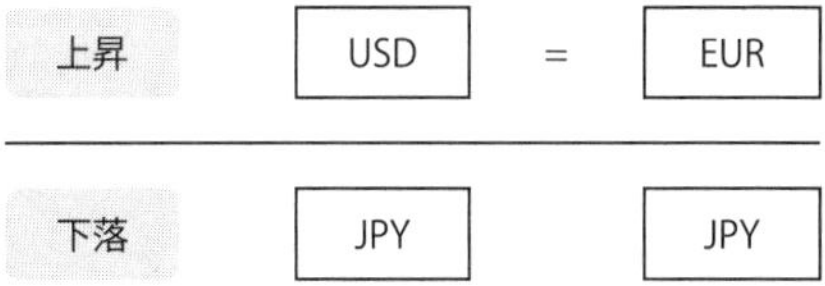

図表1-6

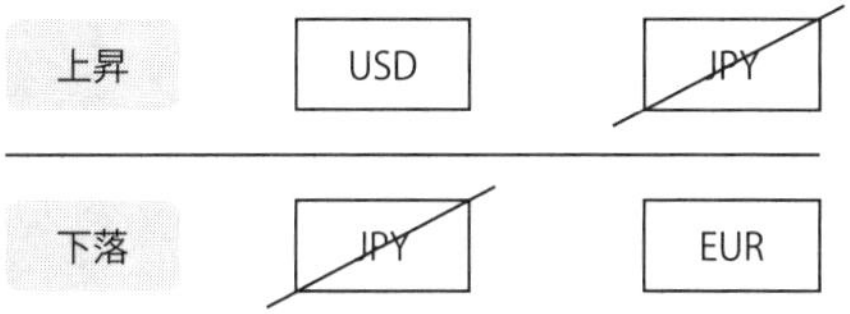

わかる。米ドル／円相場上昇の理由は明らかに米ドル高で、ユーロ／米ドル相場は下落（ユーロ安）しているはずである（図表1－6）。円は米ドルに対しては下落、ユーロに対しては上昇しているのだから、動いているのは円ではないことがわかる。そして、両方の円を消してみればわかるように、ユーロ／米ドル相場は下落（ユーロ安）しているのである。

　これは重要なポイントなので、もう1つ例題をやっておこう。米ドル／円が下落、ユーロ／円が上昇していた場合はどうだろうか？　図表1－7に示したように、この場合、米ドル／円下落の理由は米ドル安で、ユーロ／米ドル相場は上昇しているはずである。

　このように、米ドル／円相場を見た後、クロ

図表1-7

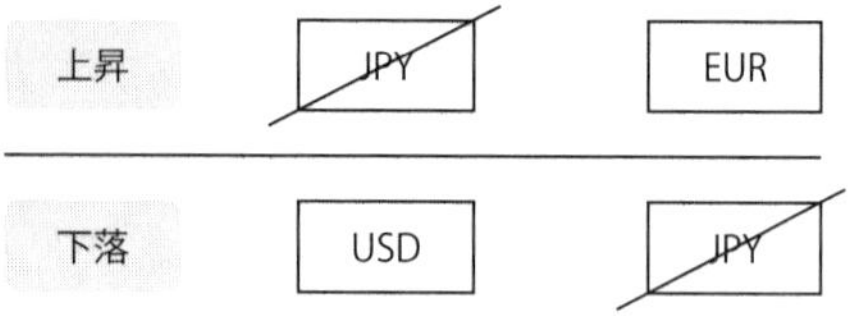

ス円相場を見ればかなりいろいろなことが見えてくる。この作業を行わずに、米ドル／円相場の上昇だけを見て、「昨日は米国の利上げ期待が強まって、米ドルが買われたため米ドル／円が上昇した」と適当に解説してしまうと、後から痛い目に遭う可能性がある。

日本の景気がよいと円安になる

為替相場は一見単純そうに見えるものの、実はちょっとだけ複雑で、少し広い視野で全体を見る必要がある。そして、こうした見方が理解できてくると、実は為替相場には基本的な変動パターンがあることがわかってくる。

為替相場の基本的な変動パターンは図表１－８のような形である。つまり、世界的に株価が上昇するような市場環境下では、円と米ドルが両方とも弱い通貨となる傾向があるのだ。これは、豪ドル／円、加ドル／円相場のようなクロス円が円安方向に進む可能性が高いことを示唆している。逆に、世界的に株価が下落するような市

図表1-8

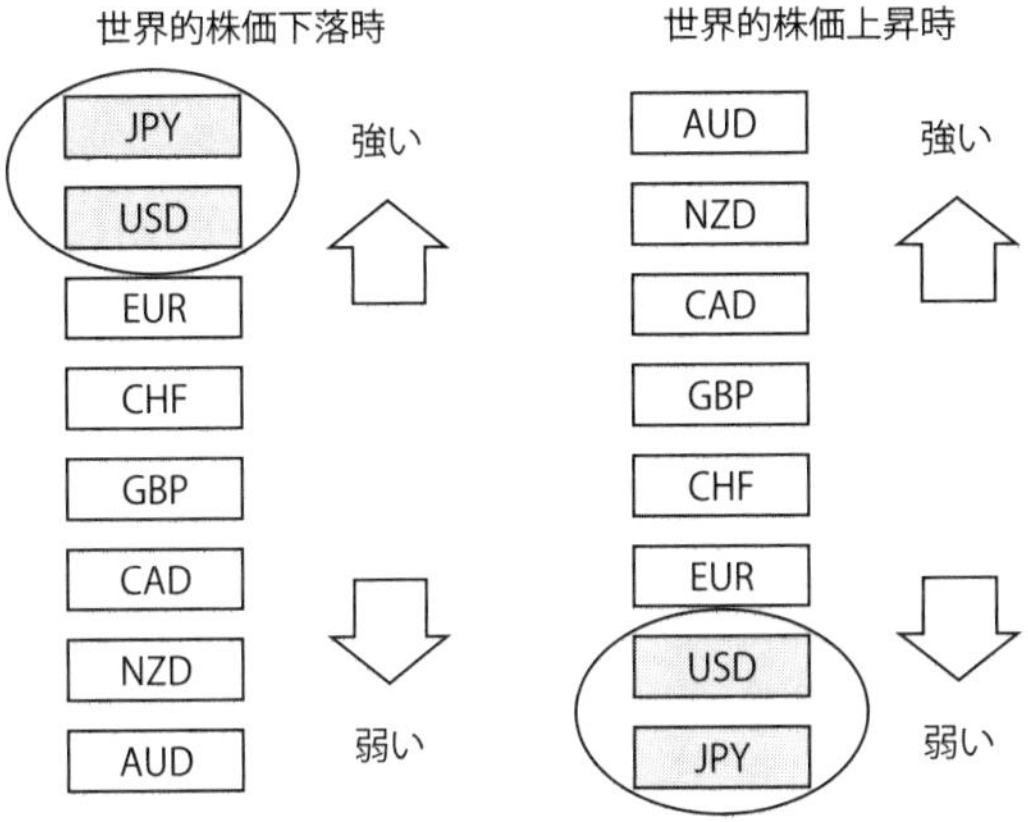

場環境下では、円と米ドルが両方とも強い通貨となる傾向がある。これは、先ほどとは逆にクロス円が円高方向に進む可能性が高いことを示唆している。

なぜ、このような動きになるのだろうか？

世界的に株価が上昇するような市場環境で、世界の投資家や企業が積極的にリスクを取って対外投資を活発化させるような状況を想像して頂きたい。もし、世界中のすべての企業や投資家が、自分が保有する資産の１％を対外投資に振り向けたら、どの通貨が売られるであろうか？　答えは簡単である。それはお金を持っている投資家や企業が多くいる国の通貨である。世界中の人が同じ比率で対外投資をするなら、元々の投資資産をより多く持っている国の通貨が売られることになる。そして投資資金を多く持っている国は米国と日本。つまり、世界の投資家や企業が積極的にリスクを取って対外投資を活発化させるような状況で最も売られるのは、米ドルと円になるのである。だから世界景気が上向きな時は米ドルと円が弱くなるのだ。

一方、世界的に株価が下落するような市場環境、つまり世界の投資家や企業がリスクを回避しようと思う時は、投資資金を手元に引き戻そうとする。実際に資金を自国に戻したり、投資していた外国債券を売却しなくても、為替リスクだけをヘッジするために外貨売り・自国通貨買いを行うかもしれない。この結果、景気が悪くなり、株価が下落し、投資家や企業のリスク回避志向が強まると、資本フローはお金を持っている投資家や企業が多くいる国に戻ってくる。つまり、米ドルと円がともに買われるのである。

また、これは日本や米国の投資家や企業だけの行動に止まらない。世界の金融資本市場を見回した時、圧倒的に大きい市場は日本、米国、ユーロ圏である。例えば、中国の企業が豪州への投資を考えているが、資金調達が必要だとなった時、中国の企業は、市場が大きくて資金調達がしやすく、金利が非常に低い円や米ドルを資金調達通貨として使うかもしれない（つまり、円や米ドルを借りて、それを売って投資を行う）。こうした動きが広範に拡がり、世界中で様々な投資が活発に行われるようになると円や米ドルが弱くなることになる。

日本経済は外需依存度が強いため、世界経済が強くなると日本経済も好転する。そして日本の景気が好転すると、こうした理由により円相場は円安方向に動くのである。こうした動きはこれまでも何度となく繰り返されているが、不思議と今でも「日本の景気が悪くなると円安になる」と思っている人が多い。こうした先入観は早く捨てて、正しい認識を持つことが重要である。

なぜ円という通貨は極端に動くのか

円という通貨は、投資家のリスク回避志向が高まり、世界的に株価が下落するような時には最も強い通貨となる一方、投資家のリスク選好度が高まり、世界的に株価が上昇するような時には最も弱い通貨となる。図表1－8でも示したように、主要通貨の中で円と全く逆の性質を持っているのが豪ドルである。このことは、主要通貨ペアの中で最も大きく動くのが豪ドル／円相場となることを意味している。

図表2は各主要通貨ペアの1か月のヒストリカル・ボラティリティ（過去の実際の変動率）について２００８～10年の3年分を平均したものである。図表1－8で上下に離れている通貨同士のペアほど変動率が大きく、逆にくっついている通貨同士のペア（例えばＥＵＲ／ＣＨＦ）ほど変動率が小さいことがわかる。

図表2　主要通貨ペアの3年間の
平均ヒストリカル・ボラティリティ

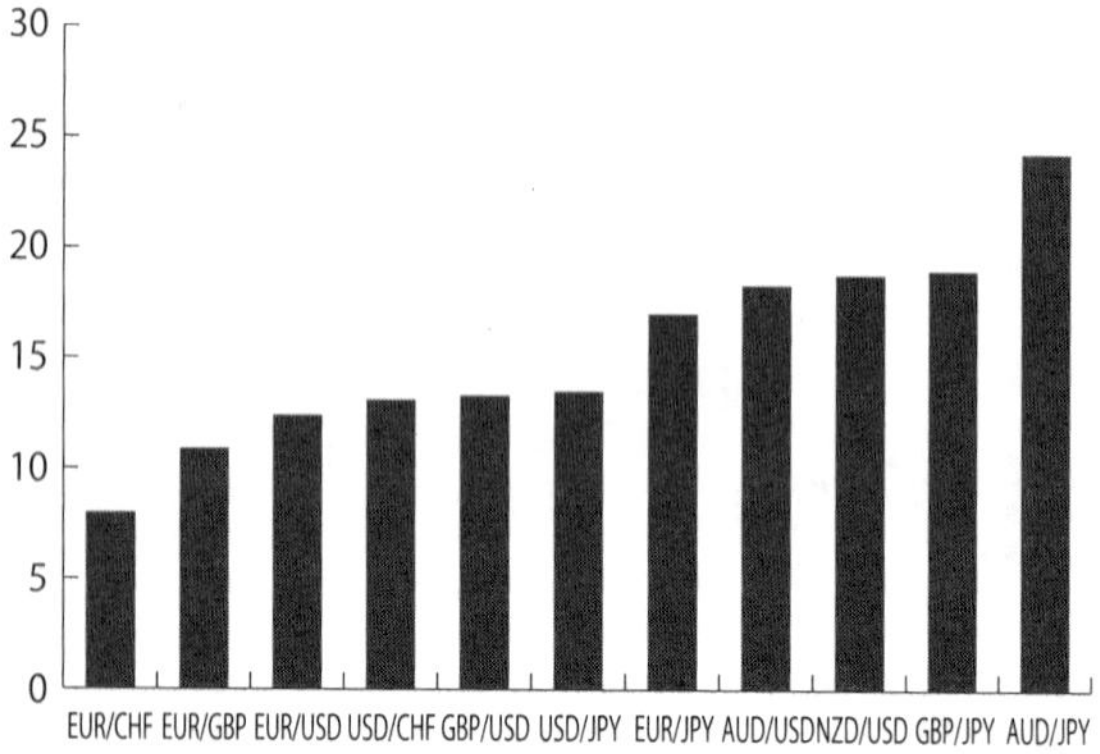

（出所）J.P.モルガン

なぜ、円という通貨は世界の景気が上向きな時は最も売られ、世界の景気が下向きな時は最も買われて、結果的に最も変動が大きい通貨になってしまうのか。これにはいくつかの要因が影響していると考えられる。

まず第1に、日本は短期、長期ともに金利が主要国の中で最も低水準であるということがある。第2に、金融資本市場が非常に大きく、国内の投資家・事業法人も資金を豊富に持っていることに加え、資金調達も行いやすい状況にあることだ。この2つの理由により、世界的に景気が上向きで、投資家も企業も積極的にリスクを取っていく時には、国内投資家・事業法人が保有する豊富な資金が海外投資に向けられるほか、日本以外の投資家や企業も調達コストが最も安い円を借りてリターンの高そうな国に投資を行うので、結果的に円が最も売られることになるのである。一方、世界的に景気が下向きで、投資家も企業もリスクから逃げようとする時には、景気がよかった時に投資に向かっていた資金が円に戻ってきてしまうため、円が最も強くなるのである。因みに、この２つの要因は米ドルもほぼ似たような状況にあり、したがって、米ドルと円は、景気がよい時はともに弱くなり、景気が悪い時にはともに強くなると考えられる。

また、円相場が極端な動きをしがちな理由の３つめとして、日本は世界第二位の経常黒字国であるという点が挙げられる。最大の経常黒字国は中国だが、変動相場制を採用して資本規制がない国としては日本が最大の経常黒字国となる。日本の経常黒字は他国に比べて非常に大きく、米ドル・ベースで比較すると、主要国中で三番目に大きいスイスの約２・５倍以上となっている。これだけ巨額の資金フローが「経常的に」円買い方向に流れているのだから、世界の景気が下向きになりこれまで日本から外に向かっていた資金が逆流して日本に戻ってくるようになった時でも、経常的な円買いは続いているので、円という通貨は非常に強くなってしまうのである。

最後は、日本が世界最大の純債権国であるということである。日本の対外純資産は２５１兆円、うち民間が保有する対外純資産は２０５兆円もある（２０１０年末時点）。このことは、日本人が常に非常に大きな為替リスクを負っていることを意味する。

例えば2011年3月に発生した大震災・津波で巨額の損失を負った企業や投資家は、追加的な損失を負わないようにリスク回避的になる。損失を少なくするためには抱えるリスクを小さくする必要がある。したがって、為替リスクをヘッジするために先物で保有する外貨を売却して円を購入するのである。このような取引を行う時に、実際に保有している外貨建て証券を売却する必要はない。特に外国株ではなく、外貨建て債券である場合、為替リスクさえ先物でヘッジしてしまえば、その他に残るのは債券の信用リスク（主要国国債であれば極めて小さい）と金利リスクだけだ。したがって、債券を売却する必要はなく、円を買い戻して為替リスクさえヘッジしてしまえばよいのである。

日本が経常黒字国である点と純債権国である点は、米国とは正反対である。米国は日本とは逆に世界最大の経常赤字国であり、世界最大の純債務国である。つまり、この2点は米ドルと円が一緒に動きながらも、反応の強弱に違いがあることを示唆している。景気が悪化し、世界的に株価が下落し、世界の投資家がリスク回避的になる時に、米ドルは円とともに買い戻され、強い通貨となるが、円のほうが経常収支から発生する恒常的な円買いがあるため、結果的に米ドルよりも強い通貨となる可能性が高いのである。逆に、景気がよい時に円と米ドルがともに弱い通貨となるケースでも、日本人投資家や企業が比較的多額の対外投資を行わないと、円が米ドルよりもさらに弱くはならないことも示唆している。

為替リスクをヘッジするとは？

「為替リスクを先物でヘッジしてしまえばよい」と言っても、ピンとこない読者も多いと思う。「外貨建て債券を保有している生命保険会社がヘッジ比率を上げている」とか、「輸出企業がヘッジのためのドル売りを行っている」などといった記述を見たことのある読者もいると思うが、実際にヘッジとは何のために、どのようにして行うのであろうか。

まず、為替リスクをヘッジするという行動は、為替レートの上下動の影響を受けないようにするための取引である。例えば、米国債を為替リスクをヘッジしないで保有している生命保険会社は、先行き米ドル／円相場が米ドル安方向に下落してしまうと、保有している米国債の円換算額に含み損が発生してしまう。また、輸出企業のケースを考えると、現時点で生産している製品は、今後数か月のうちに米国に輸出され、その代金を米ドルで受け取ることが決まっている。米ドル建ての金額は確定しているが、先行き米ドル／円相場が下落してしまうと、円建ての輸出代金は目減りしてしまうことになる。ヘッジというのは、米ドルを数か月先の先物で売却する契約をしてしまい、円建ての評価額を確定してしまって、今後米ドル／円相場が変動しても円建ての評価額が変わらないようにすることなのである。

図表3で説明しよう。例えば、日本の輸出企業が3か月後に受け取る予定の米ドル建ての輸出代金をヘッジするためには、3か月後に米ドル／円を売却する契約を銀行と結ぶことになる。こうした取引を「3か月先物で米ドルを売る」と言ったりするが、「先物で売るならスポット・レートに影響しないのではないか」と思う人も多い。

しかし、実際には輸出企業が先物で米ドルを売却すると、米ドル／円相場を米ドル安方向に押し下げる効果がある。図表3で示したように、輸出企業が銀行Aに対して3か月先物で米ドル／円を売却する契約を締結した場合、相手方となった銀行はまずスポット市場で米ドル／円を売却するため、この時点でスポット市場での米ドル売りとなり、米ドル／円相場を押し下げる効果が早くも出てくる。ここで、銀行Aがスポット市場ですぐに米ドル／円を売却するのは為替リスクをヘッジするためである。輸出企業が3か月後に銀行に対して米ドルを売却して円を購入する契約をするわけであるから、銀行は逆に米ドルの買い持ちポジションが発生してしまうことになる。3か月後に輸出企業が銀行Aに米ドルを売却する時点で米ドルが大きく下落していたら、銀行Aは大きな損失を被ってしまう。したがって、為替リスクを避けるために、銀行Aは即座にスポット市場で米ドルを売却して、円を購入し、逆のポジションを作るのである。

図表3　輸出企業が３か月先物で米ドル／円を売却する取引を銀行Ａと締結した後の資金の流れ

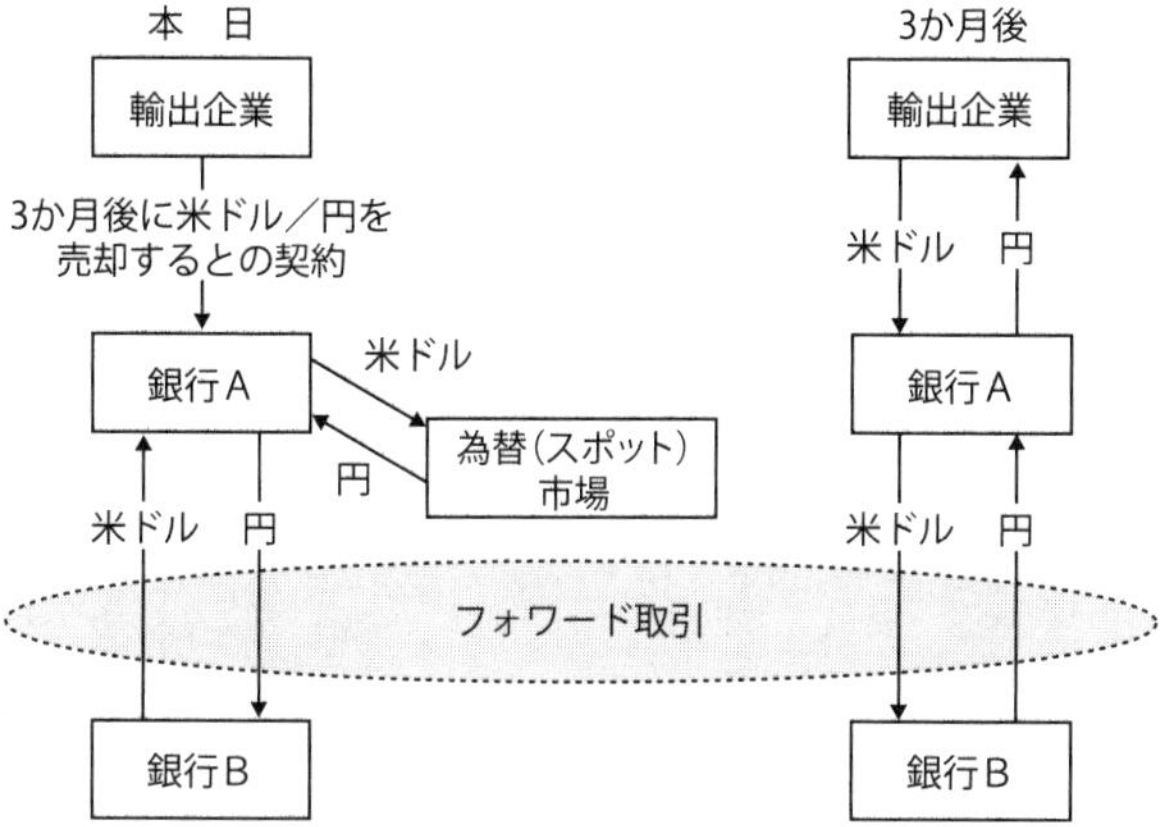

銀行Ａはスポット市場で米ドル／円を売却すると同時に、銀行Ｂとフォワード（先物）市場を通じて図表３のような取引を行う。この場合のフォワード取引は、銀行Ａが銀行Ｂから今の時点で米ドルを購入して円を売る取引を行い、３か月後に反対売買を行う取引となる。

図からもわかるように、銀行Ａは輸出企業との契約締結の後、すぐにスポット市場で米ドル／円を売却すれば為替リスクは回避できるが、その売る米ドルを調達しなければならない（スポット市場で成立した取引の資金の受け渡しは２日後なので、スポット市場で取引した後から調達するのでも間に合う）。そこでフォワード市場を利用して、米ドルの貸し借りのようなことを行うのである。

つまり、銀行Aと銀行Bの間で行われている取引は3か月間の米ドルと円の交換であり、銀行Aは銀行Bから米ドルを借りる代わりに円を貸し、3か月後に逆に米ドルを返して、円を取り戻す。そして、この3か月後に取り戻した円を輸出企業に支払い、輸出企業から支払われた米ドルが銀行Bに渡るのである。これで輸出企業による3か月先物での米ドル／円売却取引が成立する。ただし、この話は若干複雑なので、理解できなければ、そのまま先に進んで頂いても為替相場の基本的な理解に影響はない。

円は消去法的に買われるわけではない

為替相場の大きな流れを予想するには、その時々の投資家や企業の投資に対するリスク選好度を考え、その場合に資本の流れはどちらからどちらに向くのかを正しく理解することが重要である。そして、その際、誰が資本の出し手（日本、米国）で誰が受け手（高金利国、新興国等）なのかも理解する必要がある。

米国金融危機や欧州の財政問題悪化等を受けて、投資家のリスク許容度が著しく低下し、円高となった時、「米国や欧州を嫌った投資家が、消去法的に円を買っている」などとまことしやかに語られることがあったが、顧客の資産を預かる責任ある投資家が、どこも投資する先がないといって消去法的に投資先を探すなどという行動を取るはずがない。リスク許容度が低下した時に円が買われるのは、円を資本調達通貨として高金利通貨やエマージング市場に投資を行っていた投資家や企業が、リスクを避けるために海外投資を手仕舞い、円を買い戻しているからである。

繰り返しになるが、この時、実際に投資した資産を売却する必要はない。特にそれが債券投資であった場合、リスクを避けるために必要なのは為替リスクを避けることである。したがって、この場合採られる行動は、外国債券の売却ではなく、為替リスクをヘッジするための外貨売り・自国通貨買いのみとなる場合もある。つまり、証券投資フローのデータに出てくるとは限らないのだ。

ヘッジ付きかどうかの見極めが重要

為替相場は資本フローの動きが重要であるため、貿易収支に加え、証券投資、直接投資等のデータ分析は重要である。図表４は日本人投資家による対外証券投資、外国人投資家による対日株式投資、直接投資、貿易収支を合算した資本フローと円の名目実効レートの前年比を比較したものである。これを見ると、２００８年は日本から大量の資本流出超となっているなかで大幅な円高となっているが、それ以外の年は総じて資本フローの向きや額が円相場の動きを説明している。

図表4　資本フローと円実効レート前年比

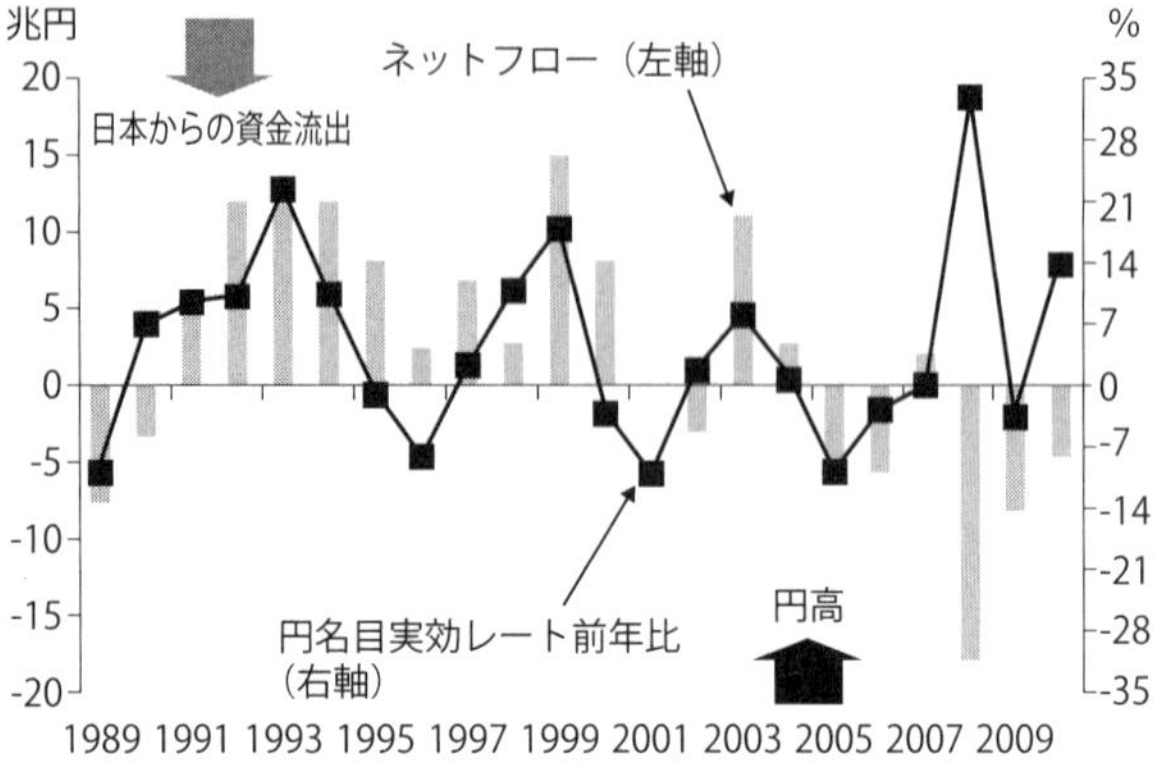

（出所）財務省、J.P.モルガン

ただし、図表４の資本フローデータは既存のデータを単純に足し合わせて算出したものではない。実際に為替へのインパクトを測るには、資本フローが為替ヘッジ付きのフローなのかそうではないのかを見極める必要があるからだ。例えば、２００３～04年は日本の生保の外債投資が大幅に増加しているが、これはほとんど為替ヘッジ付きで、円安方向への寄与はなかったと考えられる。一方、１９９９年の外国人投資家による多額の日本株投資は円高に寄与したが、２００３～06年の日本株投資増加はほとんど為替ヘッジ付きだったために円高方向への寄与はなかったと考えられる。こうしたフローがヘッジ付きかどうかは、主に金利差やイールドカーブの形状に拠るが、こうした点も勘案して資本フローの向きを分析する必要がある。

日本の財政赤字拡大は円安には繋がらない

このように資本フローに着目すると、特に海外市場参加者がしばしば口にする、「日本の財政赤字拡大が円安に繋がる」というシナリオも実現の可能性は低いことがわかる。日本の国債はそもそも95％程度を日本人が保有しており、かつ、日本は世界最大の純債権国である。通常、財政赤字を懸念して当該国の通貨が売られる場合は、その国の財政赤字の大半が海外投資家によってファイナンスされている場合、つまり、当該国の国債保有者の多くが外国人投資家の場合である。

しかし、日本の国債に投資されている資金は、そのほとんどが日本の投資家からのものである。日本の投資家が日本国債に投資するのは、極力リスクを避けたいと考えているからで、外国債券のように為替リスクもなければ、株式のように資産価格の変動も大きくないからである。だから、日本の投資家は1・0～1・2％といったかなりの低金利でも我慢して投資をしている。大きなリスクを取ることができない性格の投資資金であるため、ローリターンしか得られないことを受け入れている投資なのである。

仮に、日本の財政赤字がさらに拡大することを懸念して日本の投資家が日本国債から逃げ出したとしても、こうした性質の投資資金が為替リスクを取りながら海外の債券に投資されるとは考えづらい。基本的に日本国債から逃げ出した投資資金は損失を恐れて、結局は日本円に滞留するであろう。もともと為替リスクを取ってまで外国債券に投資されるような類の資金ではないのである。

もちろん、筆者は日本の財政赤字拡大に対して楽観的でいるわけではない。ただ、為替相場への影響という観点から言えば、まず、財政赤字拡大懸念で日本の長期金利が比較的大きく上昇し、その結果、生保等の国内機関投資家が対外債券投資を手仕舞い、国内へ資金を回帰する（この過程で円高になる）と考えている。生保等の機関投資家が外国債券に投資をする理由は、為替差益を狙う場合もあるだろうが、それはどちらかと言えば付随的な理由で、ほとんどは高いクーポン収入を得るためである。したがって、日本国債の利回りが上昇し始めれば、国内投資家は次第に外国債券に投資をするインセンティブを失い、国内に資金を回帰するようになるだろう。この過程でいったんは円高圧力がかかると考えられる。

それでもなお、財政赤字拡大懸念で日本の長期金利が上昇すると、今度は海外投資家が日本の高金利に惹かれて日本国債を購入する（この過程も円を押し上げる）。それでもさらに日本の長期金利が上昇し、財政赤字問題が深刻化すると、外国人投資家は日本の国債市場から逃げ出すことになる。この時初めて日本の財政赤字に対する懸念が円安に繋がるのである。

また、日本は既に世界最大の純債権国であるから、日本の投資家や企業が急激な景気の後退、市場の暴落等に直面した場合に採る手段は、海外へ資金を移すことではなく、海外に投資している資産を国内に戻して、手元資金の減少を穴埋めすることである。つまり、前述したように、投資家のリスク回避志向が強まった場合には、純債権国である日本にはお金が戻ってくるので円高になる。

日本のように海外から流入している投資資金が極端に少なく、逆に日本人が海外に多額の投資をしているような国を、その他の全く事情が異なる国の事例に当てはめて、「財政破綻や国力の低下で資金が逃げ出して円安になる」などと見るのは正しくないと考える。そういう事態が起こるのは、海外からの投資資金が国内経済を支えているような国である。例えば、皆さんも自分の周囲を見回して考えて欲しい。今後日本経済はますます弱くなり、国の財政赤字が膨らむどころか、自らの収入さえどんどん減っていくかもしれないという状況に陥った時、「このままじゃ日本はダメだから」と言って保有資金を海外に移せる友人、知人、親戚がどれだけいるだろう。そんな行動が取れそうなのは、かなり金銭的に余裕があって、金融資産をたくさん保有している人たちである。私も含めて、おそらく数多くの日本人は、明日とは言わずとも来年以降自分の収入が減少することが予想された場合に考えることは決まっている。収入が減少しても日本で暮らしていくうえで、住宅や自動車のローンを返済していかなくてはならない。子供の教育費も払い続けなければならないであろう。だから、もし海外に投資をしている資金があったら、それを円資金に換えて手元に保有することを選ぶのである。

評論家や知識人とされる人のなかには、「このままでは日本人は日本の将来に悲観して、資金を海外に移すだけではなく、日本からどんどん出ていってしまう」などと極端なことを言う人もいる。英語が話せて、海外旅行の経験も多い人にとってはそういう選択肢もあるかもしれない。しかし現実には、英語も話せず、海外旅行の経験すら少ない日本人のほうが圧倒的に多いはずである。こういう人たちが日本の将来に悲観したとしても、どうやって日本を出て暮らしていくのか。現実的にはほとんど考えられないことだと思う。

円高の意味

ここまで読み進んできて、為替相場は「国力の違い」や、「経済力の違い」「人口の増減」によって動くものではなさそうだということを少しはご理解頂けただろうか。中期的な為替相場の動きを分析する時は、資本フローがどのような経済環境でどちらに向かっていくかを分析・理解する必要がある。もちろん、成長率の高い国に資本フローが流れることはあるので、厳密に言えば国力や人口の増減は全く関係ないとは言い切れないが、すべての投資資金フローがそうした原理で動いているわけではないし、投資を行うため以外の貿易取引等に絡んだ資金の動きも考えなければならない。世界のお金の流れは単純ではないのである。

一般的に為替の動きについて解説が行われる時、資金の行先ばかりに注目が集まって、誰がどのような目的で資金を出すかという点が軽んじられているように思える。しかし円相場を考える場合は、日本や海外の投資家・企業がどのような行動を取るかを考えなければならない。例えば日本の人口が年間0・1％程度のペースで減少する時、それを理由に、誰がどの程度円を売るかを考えて欲しい。そして、その円売り額は貿易黒字を上回るほどのものなのかということを考えればよいのである。

たしかに、経済成長率が高い国に資本フローが集まって当該国の通貨が強くなることはある。しかし、それが日本や米国のように経済的には成熟していて爆発的な成長は望めない一方、投資先を探している資金が多い国の場合は、景気がよくなると資本フローは逆に外に向けて流れていくのである。つまり、抽象的に何か日本にとってよいことがあったら円高、悪いことがあったら円安と単純に考えることはできないのだ。円や米ドルの場合は、資本フローの流れを考えるとむしろ逆になるのである。

実は、15〜20年先といった超長期的な分析をする際には、また別の要素を勘案しなければならない。後ほど詳しく解説するが、それはインフレ率である。インフレ率とは物の値段。物の値段とは通貨の価値である。つまり、物の値段が下がるということは、通貨の価値が上がるということになる。超長期的な視野に立って見れば、為替相場の方向性を決めているのは国力や人口増減などではなく、各国のインフレ率の差。つまり、ある一定の期間（ただし15年以上の長期間）で見て、インフレ率の最も低かった国の通貨が最も強かったことになるのである。

円は１９９０年以降の過去21年間で見ると、最強通貨である。なぜかと言えば、それは単純に主要国中でインフレ率が最も低かったからである。つまり「円高」とは、円という通貨が様々なものに対して強かったことを意味している。円という通貨を過去21年間銀行預金やタンス預金で抱えていた人は、ある意味でかなりうまい投資をしてきたことになる。何しろ諸外国と比べると様々な物品に対する円の価値は上昇（つまりデフレ）し、加えて他国の通貨に対する円の価値も上昇しているのであるから。

また、米ドル／円相場が下落していても、それだけでは世の中で「円高」が進んでいるとは言えないということもご理解頂けただろうか。これもずっと後の章で紹介するが、日本の貿易構造は過去10年程度で大きく変化している。この結果、米ドル／円相場が日本経済に与える影響も大きく変わってしまっていて、円相場の対米ドルでの動きは以前に比べて重要性が格段に落ちているると考えられる。今、本当に見ておかなければならない円の価値は、対米ドルよりも対アジア通貨、最も重要なのは韓国ウォンなのである。

第 2 章

為替の市場とはどんなところか

――ディーリング・ルームで行われていること

勘違いされている為替のディーリング・ルーム

銀行の為替のディーリング・ルームと聞いて、皆さんはどのような光景を思い浮かべるであろうか。テレビのニュースなどで映し出されるような、丸い机を囲む人たちがマイクに向かって喋りながら、紙を投げたりしている様子を思い浮かべる人も多いかもしれない。しかし実は、これは銀行のディーリング・ルームではない。丸い机を囲んでマイクに向かって喋っている人たちは、銀行と銀行の取引を仲介するブローカーである。

最近は、ニュース番組でもその映像が映し出されるようになったので見たことのある方もいると思うが、銀行の為替のディーリング・ルームは、机が横にずらっと並んでいて、その上にコンピューターの画面がいくつも置いてあるようなところである。ほとんどの机には3つ以上のスクリーンがあって、なかにはスクリーンが2段になっていたりして、そこにたくさんの数字やチャートが表示されている。その前に座っている人が画面を見ながら電話をしている。そんな光景が銀行の為替のディーリング・ルームである。

ディーリング・ルームで働いている人は、大きく「セールス」と「トレーダー」に分けられる。セールスはそれぞれが担当する顧客（輸出入企業、機関投資家等）に対して情報や各種サービスの提供を行う。したがってセールスは、自席では電話をしていることが多いが、顧客のオフィスを訪問するために外出することもある。顧客が輸出入の決済代金や外貨建て証券投資のために為替の取引を行いたいと考えた時には、銀行のセールスに対して注文を出すことになる。

例えば、ある輸出企業が、輸出で得た米ドルを売って円を買いたい場合には、銀行のセールスに電話をして「米ドル／円を100本売りたい」（為替の世界では1本＝100万ドルという意味）と伝える。それを受けたセールスは、電話を繋いだまま即座にトレーダーに対して注文を伝える。トレーダーはインターバンク市場のレートを見ながら、セールスに対して即座にドルの買値を提示する。セールスはその買値を顧客に伝え、顧客がその買値で売りを了承したら、セールスはその旨をトレーダーに伝え取引が終了する。

セールスは常に自分が担当する顧客とのコミュニケーションを取り、担当顧客それぞれの需要は何なのかを的確に捉え、顧客の役に立つサービスや情報を提供する。当然、顧客からは難しい依頼や相談を受けることもあるが、そうしたことにも親身になって回答する。こうしたサービスや情報提供の結果、顧客はそのセールスと取引をより多く行ってくれることになるのだ。したがってセールスにとっては、担当顧客が他の銀行ではなく、自分と取引を行ってくれて、それをきちんと処理することがゴールになる。

「売り」と「買い」

トレーダーの仕事は、顧客がセールスを通じて米ドルを売った時点からが大変になる。顧客が米ドル／円100本を売る意思をセールスを通じて伝えた段階で、トレーダーは米ドル／円を100本買い持ちになっていることになる。米ドル／円が上昇（米ドル高・円安）すると強く信じている場合はそのままポジションを抱えることもあるが、通常は即座にマーケットで米ドルを売却してポジションを残さないようにする。

例えば、インターバンク市場に出ているプライスが「78・10―13円」だったとする。この時、トレーダーは少額の米ドルであれば78・10円で即座に売ることができる。しかし100本もの米ドルをすべて78・10円で売れるとは限らない。もっとも、トレーダーは顧客に対してなるべく高い買値を提示しようとするので（逆に買値が低すぎると顧客が取引をしてくれず、セールスからも文句を言われる）、先ほどの例のように米ドルを100本売りたいという注文を受けた場合には、例えば78・09円の買値をセールス（を通じて顧客）に提示する。ここで顧客が売る意思を示して取引が成立すると、このトレーダーは78・09円で米ドル／円を100本買い持ちしていることになる。

当然、マーケットは常に動いているので、このやりとりをしている間にも刻々とインターバンク市場のレートは変わっていく。この時、インターバンク市場のレートが「78・12—15円」、「78・14—16円」などと米ドル高方向に動いているようなら、トレーダーは78・09円で顧客から買った米ドル100本を、78・09円よりも高い値段で売却できる可能性が高まってくる。トレーダーは、少しずつ、市場に大きな影響を与えないように米ドルを売却して、ポジションを減らそうとするのだ。

なぜ市場に大きな影響を与えないように少しずつ売却しようとするのだろうか？ それは、市場で米ドルを一度に売却しようとすると、米ドルを買おうとしている市場参加者がそれを察知し、少し様子を見ようということになって、ドル買いオーダーを出さなくなってしまうからである。ドルを買いたい人が少なくなれば、結果的にドル買いのプライスが下がることになり、米ドルを100本売らなければならないトレーダーは、自分の首を絞めることになってしまうのである。

例えば、このトレーダーが、顧客から78・09円で買った米ドル100本を平均78・13円で売れたとしよう。この時、トレーダーの利益は78・09円と78・13円の差の4銭である。しかし、こんなにうまく取引ができる時ばかりではない。例えば顧客が米ドルを売った後に大きく相場が崩れ、米ドル／円レートが一気に77・90―95円まで下がったとする。この時点でこのトレーダーは一瞬にして78・09円で顧客から買った米ドルを77・90円でしか売れなくなっており、多額の含み損を抱えることになる。そうなると、トレーダーは、相場が再びドル高方向に上昇してくるのを辛抱強く待つのか、損失覚悟の上で77・90円で少しずつ売り始めるのか、それとも77・95円で売りオーダーを出して、損失を限定しながら誰かが自分から米ドルを買ってくれるのを待つのか、いくつかの選択肢から判断しなければならない。トレーダーは瞬発力と忍耐力を必要とする仕事なのである。

ストラテジストの役割

筆者のような「為替ストラテジスト」は、どちらかと言えばセールスに分類される。トレーダーに対しても情報提供を行うが、情報提供の主な対象は顧客である。昔は為替ストラテジストという職業はなかったが、最近では情報量が多くなり、かつデリバティブ等商品も多様化し、さらに顧客の知識が向上したため、セールスをサポートする意味合いでストラテジストという職業が一般的になってきたと言える。

セールスは顧客の財務内容等に関する情報を把握し、デリバティブ等の様々な商品を用いて、いかに各顧客が効率的に為替リスクをヘッジすることができるかを考えなければならない。ただ、日本企業の多くのビジネスがどんどん国際化し為替リスクを抱える企業が多くなっていく一方で、金融機関はコスト削減で為替セールスの数が大幅に減っている。したがって、セールスは個々の顧客に対するサービスのために割かなければならない時間が多くなってきて、一般的な為替市場の分析を行う時間が取れなくなってきている。また、そうしたなかで、顧客の情報に対する要求は年々高くなってきている。そういう状況にあるのだ。

これは日本だけではなくグローバルな為替市場においても言えることで、その始まりはヘッジファンドであったように思う。ヘッジファンドと言うと、「投機的かつ大口の取引を繰り返してお金儲けをしようとする人たち」という程度の印象しか持っていない人も多いかもしれないが、ヘッジファンドは一般的に言って、相当知的レベルの高い人々の集団である。例えば、欧米のヘッジファンドで、円や日本の債券、株式を取引している人の多くが、日本の政治・経済情勢についてかなり詳しい知識を持っている。生半可な知識で彼らに円相場について説明をするとおそらく逆に軽蔑されかねず、取引を失ってしまう可能性すらある。そして、こうした欧米ヘッジファンドの知識レベルや取引に対する姿勢に感化された市場参加者が日本でも増えてきていて、日本の顧客の情報に対する要求もレベルが非常に高くなってきている。そこで、個々の顧客の対応に忙しくなってきたセールスの代わりに、顧客に対して為替市場に関する分析等を提供するのがストラテジストの役割となる。

時々、ストラテジストとエコノミストとの違いについて質問されることがあるが、エコノミストはマクロ経済の先行きを分析するのが仕事である。個人消費や鉱工業生産、輸出入の動向、金融政策等を予想し、最終的には実質GDP成長率を予想する。一方、ストラテジストは、そうしたエコノミストが予想する経済状況をベースに、マーケットに影響を与えるそれ以外の要素も加味しながら為替相場の先行きを予想するのが仕事なのである。

為替市場は眠らず、休まず

筆者の仕事は為替のストラテジストであるが、J・P・モルガンの市場部門の東京拠点における新卒採用の仕事も手伝っているので、就職活動中の学生の前で話をすることも多い。そうした機会によく出されるのは、「為替市場が債券市場、株式市場と大きく異なる点は何ですか?」という質問である。

大雑把に言うと、為替には株式や商品のような取引をする場（＝市場）があるわけではない。世界中の為替取引を行う銀行がコンピューターで繋がっている状態をイメージしていただけるとよいのだが、つまり、銀行と銀行が相対《あいたい》で取引しているもの（インターバンク市場）なのである。そして、個々の取引の情報が瞬時に伝わっていくことで、時々刻々の相場の変化がわかるようなしくみになっているものである。したがって、為替市場には人と人とが取引を行うような物理的な場所は存在しない。

また、為替市場が債券市場、株式市場と大きく異なる点は、「為替市場は眠らず、休まず」という点である。債券市場も株式市場も1日24時間どこかの市場は取引を行っているかもしれないが、それは、日本が昼間の時間は日本の市場、欧州が昼間の時間は欧州の市場、米国が昼間の時間は米国の市場が取引を行っているのであって、同じ市場が24時間ずっと開いているわけではない。一方、為替市場は基本的に銀行対銀行の相対取引であるため、2つの銀行が営業を行っていて、取引を行えば、市場は開いたことになる。つまり、月曜日の朝ニュージーランドの銀行が取引を開始してから、金曜日の夕方ニューヨークの銀行が取引を終了するまで一瞬も止まることがないのだ。

為替市場には、債券や株式市場のように昼休みもない。実は昔は日本の為替市場には慣行として昼休みがあった（東京市場の取引時間は午前9時に始まって12時に終了。午後は1時半から3時半までという慣行があった）。しかし、日本の昼の12時はシンガポールの午前11時、シドニーはお昼の時間は過ぎている。したがって、為替市場は日本の市場参加者が昼休みを取っている間でも動いてしまう。この結果、東京外為市場慣行委員会は1994年12月21日に東京市場の取引時間制度の撤廃を決定、これによって翌22日より昼休みを取るという慣行は廃止されたのである。

世界の多くの為替市場参加者には昼休みという概念はなく、当然、昼食は自分のデスクで食べるのが基本となる。そのため、ディーリング・ルームではシニアなセールスやトレーダーのために弁当の注文を取ったり、昼食を買いに行ったりするのが、若手セールスやトレーダーの重要な役割となっている。前近代的かつ封建的に聞こえるかもしれないが、忙しいなかでいかに効率よく注文を纏め、代金を計算し、先輩からお金を徴収するかということを通じて、為替取引のセンスが磨かれていくような気もする。

また、為替市場は月曜日のニュージーランド早朝から金曜日のニューヨーク夕方まで止まらず休まずなので、当然、平日の日本時間夜中でも活発に動いている。日本が祝日の時のアジア時間帯も、シドニーやシンガポールでは普通に取引が行われている。これで、為替市場には「東京市場」とか「ロンドン市場」という概念がそぐわないことがわかって頂けるだろうか。例えば日本の祝日で東京の顧客のほとんどが休んでいても、シドニーとシンガポールの銀行が取引を行うので、為替市場はいつもと同じように動くのである。そのため日本の金融機関も何らかの対応はしておかなければならない。因みに、J・P・モルガン・チェース銀行東京支店は日本の顧客の需要に応えるために、日本時間の夜中でも祝日の時でも、常にセールスとトレーダーが東京のディーリング・ルームで待機している。そして、日本が祝日の午前11時頃に顧客が米ドル／円を売りたいと注文を出せば、J・P・モルガン・チェース銀行の東京オフィスから取引が行われる。つまり、「東京市場は休場」にはなっていないのである。

為替市場は参加者・取引動機が多種多様

もう1つ異なる点は、為替市場は参加者が多種多様ということである。例えば、米国債券市場、米国株式市場は世界で最も大きい市場の一つであるが、参加者は基本的には機関投資家、ヘッジファンド、中央銀行等に限られる。もちろん、事業法人でも余資運用で株式に投資している先があるかもしれないが、それはごく一部に限られるだろう。また、多くの場合、米国債の取引を行うファンド・マネージャーは米国債のみを、米国株の取引を行うファンド・マネージャーは米国株のみの取引を行う。

一方、為替市場では機関投資家、ヘッジファンド、中央銀行に加えて、世界中の事業法人も主要参加者となる。国際的な貿易を行う事業法人は、好むと好まざるとにかかわらず、為替の取引を行う必要がある。また、投資に興味のない個人でも、海外旅行に出かけようとすればやはり旅先の通貨を購入しなければならないので、為替の取引を行うことになる。つまり、為替市場は債券や株式に比べて参加者が多種多様となる。

参加者が多種多様になると、取引理由も多種多様になる。この点、投資家だけが取引を行っている市場であれば、行動パターンは比較的似たものになる。例えば、米ドル／円相場が連騰していて、チャート上の重要な節目まで上昇してきた時、投資家や銀行のトレーダーはそこから敢えて米ドルを買おうとはしないであろう。むしろ、そこまで買ってきた米ドルを売って、利益を確定することを考えるはずだ。

しかし、そこに本日決済する原油の輸入代金を支払うために米ドルを買わなければならない輸入業者がいたとする。銀行のセールスや我々のようなストラテジストがいくら「テクニカル的にもここから一段と米ドル／円相場が上昇するのは難しいですよ」とアドバイスしても、この輸入企業は原油の決済のために米ドルを買う必要があるので、そのアドバイスは信じたとしても結局は米ドルを買わなければならない。つまり、この輸入企業は投資家や銀行のように利益を出すために為替取引を行っているわけではないので、同じ行動は取らないのである。

このように多種多様で取引理由が異なる様々な参加者が、同時に参加して取引を行っているのが為替市場である。したがって、他の市場よりも圧倒的に規模が大きく、操作をするのが最も困難な市場と言える。分析を行うのも難しいかもしれない。

ただし逆に言えば、為替市場は最もマーケットらしいマーケットと言うこともできる。つまり、一部の例外的な取引により異常な動きをすることが少ないので、その本質を理解すれば分析もしやすいと言えるかもしれない。先ほどの輸入企業の例で言えば、こうした企業が多ければ米ドル/円相場は連騰した後でもさらに上昇する。逆にこうした企業が少なければ、いくら特定の輸入企業が大きな米ドル買いを行ったとしても、その取引は規模が巨大なマーケットに簡単に飲み込まれてしまって、米ドル/円相場は上昇しないのである。

米ドル/円相場は世界中が注目している

時折、「中国が台頭してきて、人民元の動きに注目が集まって、円なんてもうそんなに注目されていないんじゃないの?」などと言われることがあるが、これは大きな間違いである。為替市場の実態がわかれば、米ドル/円相場が為替市場の中で重要な通貨ペアであることを理解するのにそれほど時間はかからないだろう。日本経済の規模は中国に抜かれたとはいえ、依然として世界で第3位である。経済規模1位の米国と3位の日本の通貨の交換レートである米ドル/円相場

図表5-1　世界の為替市場取引高（4月中の1日当たり取引高、兆ドル）

	1998	2001	2004	2007	2010
為替市場取引高	1.5	1.2	1.9	3.3	4.0
スポット	0.6	0.4	0.6	1.0	1.5
フォワード	0.1	0.1	0.2	0.4	0.5
為替スワップ	0.7	0.7	1.0	1.7	1.8
オプション・その他	0.1	0.1	0.1	0.2	0.3

（出所）BIS

は、世界全体の為替相場の中でも当然シェアが高い。

まず、世界の為替市場の規模は増加基調を辿っている。為替市場は基本的には銀行間の取引となり、かつ取引量が膨大なため、正確な取引高を把握するのが難しい。そこで、ＢＩＳ（国際決済銀行）が３年に１回、世界中の銀行に対して４月中の１日当たりの取引高を調査し、集計している。この調査によれば、２０１０年４月の１日当たりの為替市場取引高は約４兆ドル（約３７４兆円、１ドル＝93・50円で計算）であるが、このなかにはフォワードや為替スワップ取引も含まれる。通常、一般的な為替取引と言った場合はスポット取引を指すため、１日当たりの為替市場取引高は約１・５兆ドル（約１４０兆円）ということになる（図表５－１）。

図表５－２は通貨ペアごとの取引高のシェアである。ただし、データの制約上、スポットだけではなく、為替市場全取引高である４・０兆ドルの内訳になっている。図表からもわかるように、米ドル／円のシェアは14％で、ユーロ／米ドルの半分ではあるものの２番目に大き

図表5-2 通貨ペアごとの取引シェア

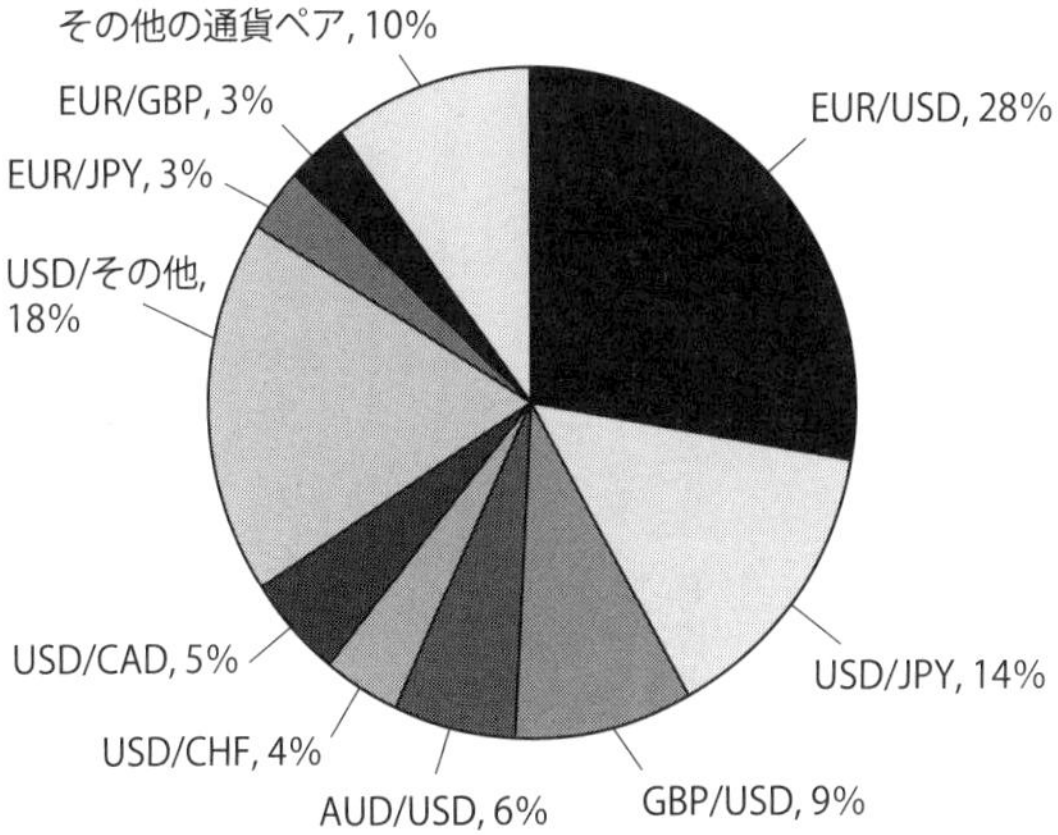

（出所）BIS

い取引高となっている。この数字を見れば、経済規模1位と3位の国の通貨の交換レートである米ドル／円市場なのだから、規模が大きいのが当たり前ということがよくわかるであろう。ユーロ／円市場が3％のシェアを占めているほか、豪ドル／円市場もそれなりのシェアはあるだろうから、円を片側とした為替市場のシェアは合計で全体の20％弱ということになる。因みに、米ドル／人民元市場のシェアは全体の約0・7％程度である。

また、スポット取引高（1日当たり1・5兆ドル）に占める各通貨のシェアは図表5－3の通りとなる（通貨ペアの片方に含まれている場合はカウントされるため、合計は200％になる）。通貨ごとに見ても、円が含まれる取引は米ドル、ユーロの次に多いことがわかる。

このように円が為替市場の中で重要な位置を占め、世界中から注目を集めていることは、日頃の筆者の仕事を通じても感じることができる。例えば、J・P・モルガンのニューヨークにある本店の為替スポット・トレーダーのヘッドは米ドル／円のトレーダーである。ニューヨーク、ロンドン、パリなどのディーリング・ルームでは、主要通貨のトレーダーの机上にある電子ブローキングの端末では米ドル／円のレートが1番上か2番目にセットされている。米ドル／円相場に興味がある顧客は世界中にいて、筆者はその行方について、オランダ、スウェーデン、ドイツ、フランス、イタリア、アイルランド、シンガポール、シドニー、ムンバイなどにもプレゼンテーションに行く。世界中どこに行っても、米ドル／円の取引を行わなければならない人、興味を持っている人は多いのである。為替市場に携わっていると「日本の経済規模が世界第3位」ということの意味がよくわかるのだ。

因みに、図表5－3に示されているように、スポット取引のどちらかにでも米ドルが含まれている取引は全体の80％にも上る。詳細は後述するが、これが「基軸通貨」ということである。基軸通貨とは決して「強い通貨」を意味するわけではなく、決済等で使われることが最も多い通貨のことであり、データを見る限り、米ドルは相変わらず基軸通貨と言える。なお、２００１年４

図表5-3　通貨ごとのスポット取引に占めるシェア

USD	79.7%	NZD	1.5%	INR	0.9%
EUR	46.4%	KRW	1.4%	NOK	0.8%
JPY	20.1%	SEK	1.3%	ZAR	0.6%
GBP	14.3%	HKD	1.3%	BRL	0.6%
AUD	7.5%	MXN	1.2%	CNY	0.5%
CHF	6.2%	RUB	1.2%	TRY	0.5%
CAD	5.2%	SGD	1.0%		

（出所）BIS

月調査の際には米ドルの比率は84・4％だったので、そこから比べれば5％ほどシェアは低下しているが、それでも米ドルの基軸通貨の地位は暫く揺るぎそうもない。参考までに、01年4月調査と10年4月調査を比較すると、ユーロ、英ポンド、豪ドルのシェアが3～4％ポイント程度増加している一方、円の比率は6％ポイント低下している。

勘違いされている銀行の役割

銀行は顧客に対して為替相場に関する情報提供を行ったり、ある一方向の取引を推奨したり、もしくはオプション等を組み合わせた仕組み商品を提案したりする。こうした銀行の行動に関して大きな誤解をしている人がごく稀にいる。それは、銀行が提案した商品を顧客が購入したり、推奨した取引を実行すると、銀行は逆のポジションを持っているので顧客が損をする方向に相場が動いたほうが儲かる、というものだ。これは大きな誤解である。

顧客が損をすることによって成り立つ商売は、長続きしないのは言うまでもないことだが、まず、銀行のビジネスも通常の小売業と基本的には同じ構造である。小売業は仕入れの段階で若干安く商品を仕入れ、そこに利益分を上乗せして消費者に販売する。銀行のマーケットセクションが行っているのも基本的には同じで、銀行の場合「仕入れの段階で」と言うとわかりづらくなってしまうかもしれないが、要するに顧客との取引で生じたポジションをインターバンク市場でヘッジする時に若干の利益が生じることを狙うのである。つまり、取引が成立した後は、銀行は、推奨した通りの取引を顧客が実行したことや提案した商品を購入したことによって顧客が利益を上げられることを願っている。どんな商売でも同じはずだが、顧客は満足すればまた同じ店に戻ってくる。銀行のマーケットセクションのセールスも全く同じ原理で動いているのである。「あなたの言う通りにしてよかった」と顧客が思ってくれることで、顧客との長い関係が維持でき、その結果銀行にも利益が生まれるのである。

ディーリング・ルームは意外に静か

為替のディーリング・ルームと言うと、常に怒号が飛び交って騒がしいというイメージをお持ちの方もいると思う。しかし、実際は意外に静かである。もちろん、普通のオフィスに比べれば騒がしい。ただ、最近のディーリング・ルームは以前に比べると圧倒的に静かになったと思う。

理由はスポット・トレーダーの取引手法が変わってきたからである。

以前はボイス・ブローカー（ニュースなどでよく出てくる、丸型の机を囲んでいる人たちがマイクに向かっているところ）が主流だったので、ディーリング・ルーム内にはボイス・ブローカーがマーケットのプライスをクォート（今の売値と買値がいくらかを伝えること）し続ける声が専用線を通じてスピーカーから絶えず聞こえていて、ディーラーが取引を行う場合は、ボイス・ブローカーに向けて「マイン！（買い）」とか「ユアーズ！（売り）」と叫んだりしていた。また、銀行間の直接取引も活発だったので、例えば顧客から大口の米ドル売りオーダーを受けると、チーフ・ディーラーが何人かのディーラーに指示を飛ばし、他の銀行に連絡して、顧客からの大口の米ドル売りを小口に分散し、他の銀行に売却していくというようなことを行っていたりした。

しかし現在は電子ブローキングが主流になってきたため、ほとんどの取引はディーラーが画面の端末上でキーボードを叩いて行っている。したがって、取引を行う際に声を出す必要があまりない。また、ほとんどの取引がこの画面上に集約されているので、最近では銀行間の直接取引もあまり行われなくなっている。セールスがディーラーにプライスを求めたりする声は依然として聞こえるので、相場が大きく動いた時にはかなり騒がしくなったりもするが、以前に比べるとディーリング・ルームは格段に静かになった。

第 3 章

国力が為替相場を決めるわけではない

――長期的な為替相場変動の要因

人口減少で円安にはならない

長期的に見て円相場がどちらに動くかと問われたら、おそらくほとんどの人が日本の将来に対する悲観的な見方から「大幅な円安」を予想するであろう。「日本は先行き人口が減少する」とか、「日本は国力が弱い」から将来は大幅な円安になると言えば、何となくそうなのかなと納得してしまう人も多いはずだ。

しかし、人口が減ることがどのようなメカニズムを通じて当該国通貨の下落に繋がるのであろうか。人口減によってどのような主体が、何を理由に円を売り、為替相場を変動させるフローが発生するのか。もちろん単に「人口が減少するから円が弱くなる」と信じて円を売る主体が出てくることは考えられる。しかし、こうした取引は投機である。投機は必ず最後には逆のフローが生じるため長くは続かない。筆者には、日本の人口が毎年少しずつ減少していくことによる、投機ではない円売りのフローが発生するメカニズムが思いつかないのだ。

日本はたしかに将来の人口減少が問題視されているが、２００４年までは人口が増加し続けていて、05、06、07年はほぼ横這い、減少し始めたのは08年からである。時折、デフレまで人口減少のせいにする人もいたりするが、日本のデフレ傾向は１９９０年代半ば、日本の人口が年平均

0・3％程度の勢いで増加していた時から始まっていた。また、08年、09年の2年間で減少した人口はたったの0・2％に過ぎない。さらに、総務省の推計によれば、2010年から20年までの10年間の予想減少率は3・5％程度である。今後10年間の日本経済に与える影響という観点かららすれば、日本の人口減少よりも、中国を含めた新興国の需要増減、コモディティやエネルギー価格の変動、インフレ率の動向といったマクロ経済の循環的要素のほうがよほど大きいであろう。

国連が公表している統計によれば、2005年から10年までの年平均人口増加率は、豪州1・07％、カナダ0・96％、米国0・96％、英国0・54％（以上はいずれもプラス）、日本がマイナス0・07％である。しかし、同時期の主要通貨の騰落率を見ると、最も強かったのはこのなかで唯一人口が減少していた日本の円だったのだ。最弱は英ポンド、2番目に弱かったのは米ドルである。これだけ見ても、人口増減と為替相場に全く関係のないことがよくわかるであろう。

「国力」も為替相場とは関係ない

時々、「為替相場は国力を反映する」などという解説も耳にする。そして、「国力の弱い日本の円が買われるのはおかしい」などと言われることもある。「国力が弱い」から円安になる、というロジックも、もっともらしく聞こえる。

ただし、これも全く根拠に乏しい議論である。バブルが崩壊した1990年以降の日本経済は長期停滞し、明らかに国力は弱まったと言える。90年から2010年までの21年間、日本より米国のほうが国力が強かったという意見に反対する人はいないであろう。しかし、過去21年間の為替相場を見ると、主要国通貨の中で最も強かったのは円である。そして主要国の中でおそらく最も「国力」が強かったはずの米国の通貨である米ドルは円に対して44％も下落しており、主要国通貨中では英ポンドやスウェーデン・クローナと並んで最も弱い通貨の1つとなっている。つまり、今後20年間、日本の国力が引き続き弱まり続けたとしても、それが要因となって円が弱くなるという議論は全く根拠に乏しいのである。

為替相場に国力などは反映しない。「国力」という言葉の定義も曖昧だが、通貨の強弱が国力を反映するという発想は一体どこから出てきたのだろうか。「通貨の価値」が何を意味するかの本質を理解していれば、こうした考え方は出てこないはずである。「通貨の価値は国力を反映する」などという考え方は、「国力の強い国のワインは美味しい」と言っているのと同じくらい荒唐無稽である。無理やりこじつけようとすれば、「国力の強い国のワインは美味しい」理由を考え出すこともできそうだが、ワインに詳しい人が聞いたら一笑に付されるであろう。

為替相場、通貨の価値の相対比較も同じく「国力」とは関係ない。為替相場は通貨と通貨の単なる交換レートである。そして、通貨の強弱は国力によって決まっているのではなく、後で説明するように、長期的には物価の上昇率の差によって決まる部分が大きい。物価が上昇している国の通貨は弱く、物価が下落している国の通貨は強いのである。逆の言い方もできる。通貨の弱い国の物価は上昇し、通貨の強い国の物価は下落する。「通貨の価値」と「物価」は同じ意味である。1990年以降の過去21年間、米国の国力が最も強かったことを疑う人はいないだろう。しかし、米ドルは過去21年間で最も弱い通貨のうちの1つであることも事実である。それは米国の国力が弱かったからではなく、米国の物価上昇率が他国に比べて高かったからである。

長期間では購買力平価が成り立っている

1990年以降の過去21年間で見ると、円は主要国通貨の中では最も強い通貨である。なぜ円は最強通貨なのであろうか。答えは、日本の物価上昇率が他国と比べて低い状態が長期間続いたからである。物価が下落する現象を「デフレーション」、または略して「デフレ」と言うが、デフレは「物の価格が下落する」ことを意味すると同時に、「通貨の価値が上昇する」ことも意味している。

例えば、これまで100円玉1つあれば買うことができたジュースが50円に値下がりしたとす

図表6　1990年～2010年の各国消費者物価（CPI）上昇率と通貨の対円騰落率

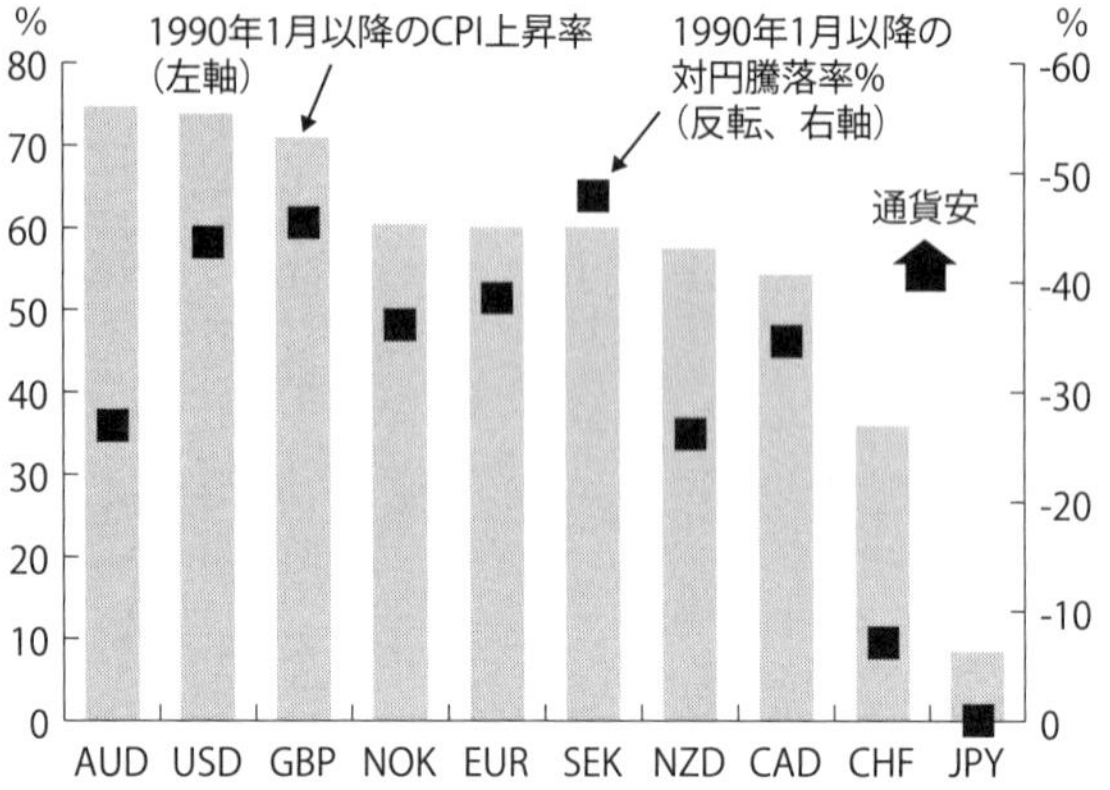

（出所）J.P.モルガン

る。手元に持っている100円玉は形も硬さも素材も何も変わっていないが、以前はジュース1本としか交換できなかったのに、今ではジュース2本と交換できるようになった。つまり、100円玉の価値が上がったのである。こう考えると「物価が下がる」ことと「お金の価値が上がる」ことが同じ意味であるのがわかるであろう。つまり、日本経済が長期間デフレ下にあったという事実は、円という通貨の価値が長期間上昇を続けていたという事実と同義なのである。

図表6は1990年以降の主要国の消費者物価上昇率と各通貨の対円騰落率を比較したものである（ユーロは各欧州通貨からの計算値を使用）。21年間という長期で見ると、物価上昇率

と通貨の騰落率の間に緩やかながら関係があるのがわかる。米ドルや英ポンドが過去21年間で弱い通貨だったのは、物価上昇率が相対的に高かったからである。逆に円やスイス・フランが最も強い通貨となっているのは、物価上昇率が相対的に低かったからである。つまり、長期間で見ると購買力平価は一定程度成り立っているのである。

逆に言えば、長期間で見て購買力平価が成り立っていなければ、世界はおかしなことになってしまう。もしも世界の物価上昇率の差で為替相場が調整されず、デフレが続く日本の円が下落を続けたとすると、世界中の人が日本を訪れて買い物をしまくるようになる一方、日本人はほとんど海外旅行に行けなくなっているはずである。物価の下落が続く日本の円が弱くなっていくのだから、外国人にとっては円がどんどん割安になり、さらに物価も下がっているわけだから、日本に来たら何もかもが安く見えて、王様や女王様にでもなった気分になるだろう。一方、日本人は外貨がどんどん高くなっていくことに加え、海外では物価が上昇しているのであるから、海外旅行などはほとんど不可能になってしまうわけだ。

ビッグマックで考える購買力平価

「物の価格が下落する」というデフレ事象が「お金の価値が上昇する」ことと同義であるという

図表7　ビッグマックから見た購買力平価

10年前は1ドル札3枚でビッグマックが買えたが、今は4枚必要。
一方、100円玉は10年前も今も3枚あればビッグマックが買える

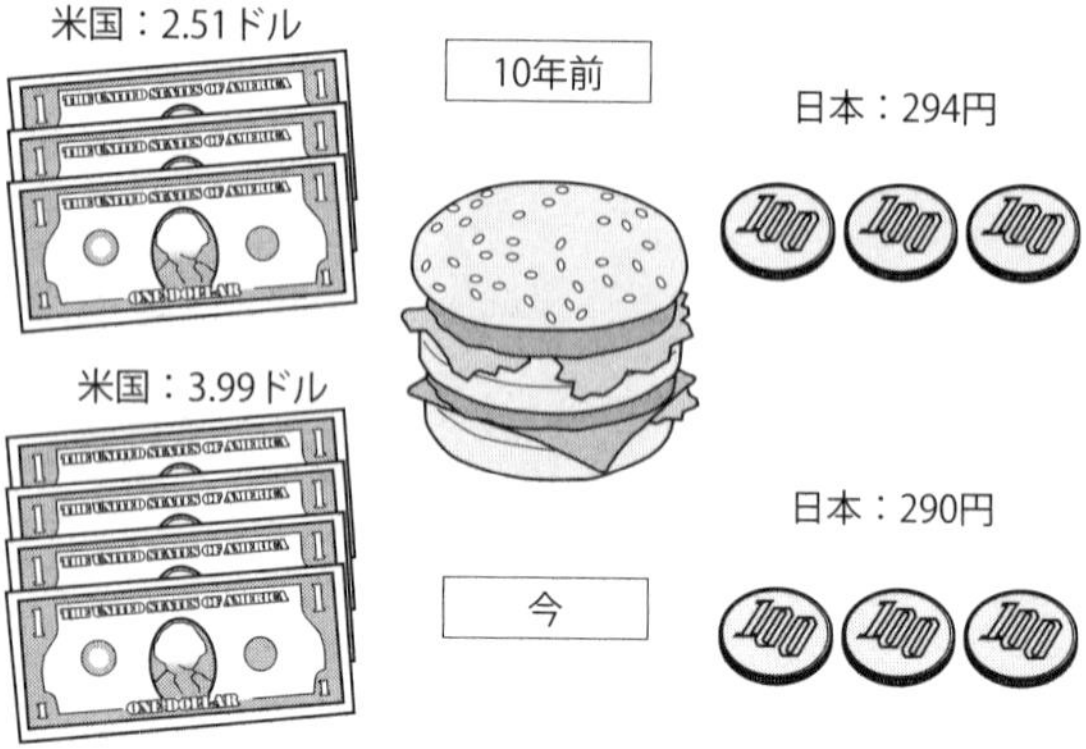

点をもう少しわかりやすくするために、図表７に示したビッグマックの値段を使って説明してみよう。

ビッグマック指数を算出している英エコノミスト誌によれば、10年前のビッグマックは米国では２・51ドル、日本では２９４円だった。つまり、１ドル札も１００円玉も３枚あればビッグマックと交換できたのである。今、少し強引だがビッグマックが米国で３ドル、日本で３００円だったとする。そして、ビッグマックが大好きで、毎日のように食べているＡさんという人がいたとしよう。また、このＡさんは1年の半分を米国、半分を日本で過ごしていたとする。この時Ａさんに対して、１ドル札３枚と、Ａさんが持っている１００円玉３枚の交換をお

願いすると、Aさんは「どちらを3枚持っていてもビッグマックが1つ買える」と考え、快く交換に応じくれただろう。

さて、それから10年が過ぎ、時代は現在である。この10年間、米国では緩やかなインフレ傾向であったため、それなりに物価も上昇し、ビッグマックは3・99ドルに値上がりしている。一方、日本はこの10年間、緩やかなデフレ傾向にあったため、ビッグマックは290円に値下がりしている。さて、Aさんは相変わらずビッグマックが大好きで、1年の半分を米国、半分を日本で過ごしている。今、10年前と同じように、1ドル札3枚と100円玉3枚の交換をお願いしたら、Aさんはどう思うだろうか。ビッグマックのことしか頭にないAさんは、「冗談じゃない！」と思うだろう。なぜなら、自分が持っている100円玉なら3枚あればビッグマックが買えるのに、1ドル札3枚と交換してしまったら買えなくなってしまうからである。

このように物（ここではビッグマック）を中心に考えるとわかりやすいと思うが、物の値段が上昇する、つまりインフレになるということは、お金の価値が下がるということである。この例で言えば、過去10年間で1ドル札の価値は明らかに100円玉に対して下落している。米ドルの円に対する価値、つまり、米ドル／円相場の均衡レートは、米国の物価上昇率が日本の物価上昇率よりも高かったことを背景に、明らかにドル安・円高方向にシフトしていて、Aさんにとっては1ドル札よりも100円玉のほうがずっと価値が高くなっているのである。逆から見れば、円の価値が徐々に上昇しているのは、日本の物価が下落しているからであると言える。物価が下落しているということは、つまり、お金の価値が上昇しているということなのである。

ここまでの説明であまりピンとこない人のために、話をもう少し進めよう。今、Aさんは今後の10年間もこれまでと同様、米国では緩やかなインフレ傾向が進み、日本では緩やかなデフレ傾向が進むと予想しているとする。単純に物価の変動が過去10年間と同じだと仮定すると、今から10年後の米国ではビッグマックが6・34ドル、日本では286円になる。さて、現時点で、ある人が「1ドル札を6枚か、100円玉6枚を差し上げましょう」と言ってくれたとする。Aさんはどうするであろうか。今後も国力が強く人口も増えると予想される米国の1ドル札6枚を選ぶであろうか?

ビッグマックのことしか考えていないAさんは、間違いなく100円玉6枚を選ぶであろう。なぜなら、10年後には1ドル札は6枚あってもビッグマックを買うことができなくなっていると予想される一方、デフレが進む日本では100円玉が6枚あればビッグマックが2個も買えてしまうからである。Aさんにとっては米ドル札より100円玉のほうが圧倒的に価値が高いように見えるのである。

もちろん、ここに金利の話が入ってくれば少し事情が異なる場合もある。しかし、今後10年間で1ドル札6枚でビッグマックが2個買えるようになるためには、そのドルを約8％の利回りで10年間運用し続ける必要がある。つまり、そのくらい米国の金利が日本の金利を上回っていてやっと10年後の1ドル札6枚と100円玉6枚が同等の価値になるということである。

ただし、こうした購買力平価をもとにした分析や議論は、10年以下の期間の為替相場の変動を説明するにはほとんど無力である。この購買力平価を使って正しく米ドル／円相場の均衡レベルを算出できたとしても、為替相場は均衡点を中心に大きく変動しているため、中期的な為替相場の方向性を予想する際にはほとんど役に立たない。しかし、購買力平価は、為替相場の長期的な方向性をかなりの程度説明できるため、15～20年の長期的視点に立って為替相場を考える際には非常に参考になる。

購買力平価の使い方

購買力平価を用いる時には、ほかにも注意すべき点がある。それは、用いる物価指数の種類（消費者物価、企業物価、輸入物価、輸出物価）によって動きが変わってしまう可能性があるという点である。さらに、購買力平価はある基準年を決めて、その年をスタート地点としてその後

図表8-1　企業物価指数を用いて算出した購買力平価と米ドル／円相場

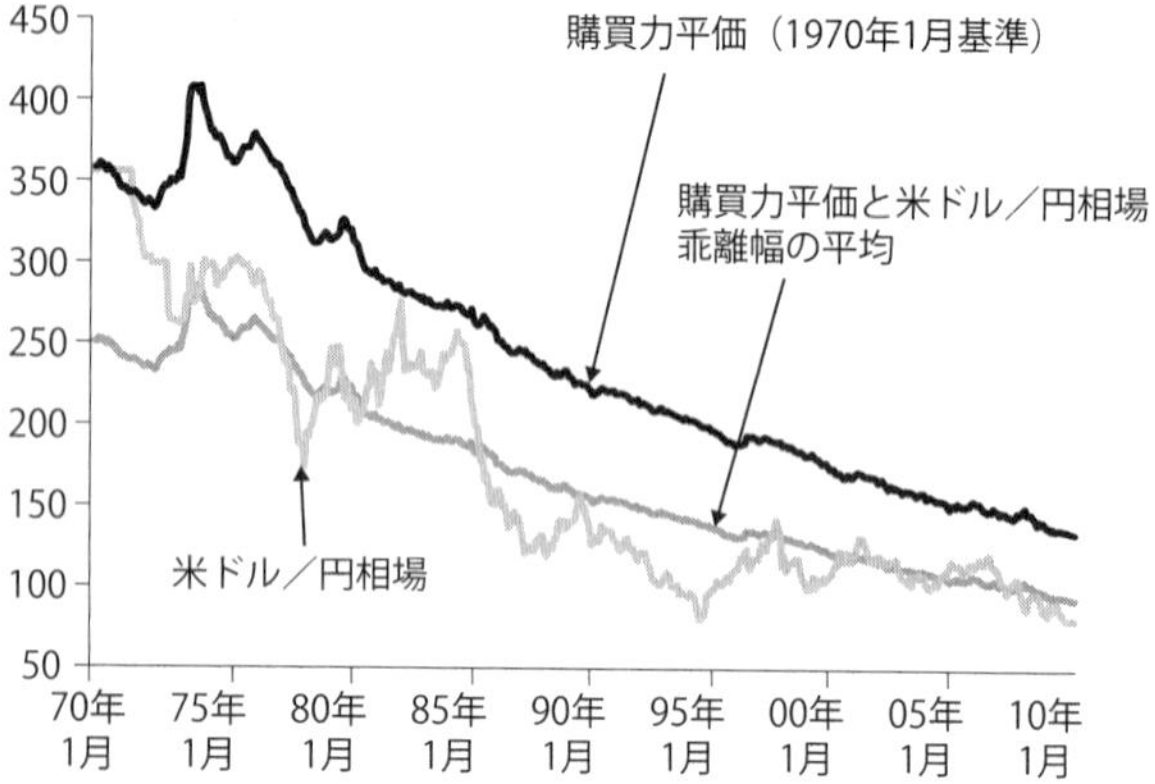

（出所）J.P.モルガン

の物価の変動率の差を用いて計算を行う。つまり、その基準年の名目為替レートが購買力平価の均衡点であるという前提の上で計算されていることになる。したがって、購買力平価を算出しても、そのレベルをそのまま用いるのはかなり無理があるのだ。つまり、現在の購買力平価が80円だからといって、その80円というレベルをそのまま使って、「80円が米ドル／円相場の均衡点です」と言うのはかなり無理があるということだ。

それでも購買力平価の中長期的な傾きは参考になる。したがって、筆者は図表8－1、2のように、購買力平価と実際の名目為替相場との乖離の平均を取って、その推移を均衡的な購買力平価として参考にしている。図表8－1は企

図表8-2　消費者物価指数を用いて算出した購買力平価と米ドル／円相場

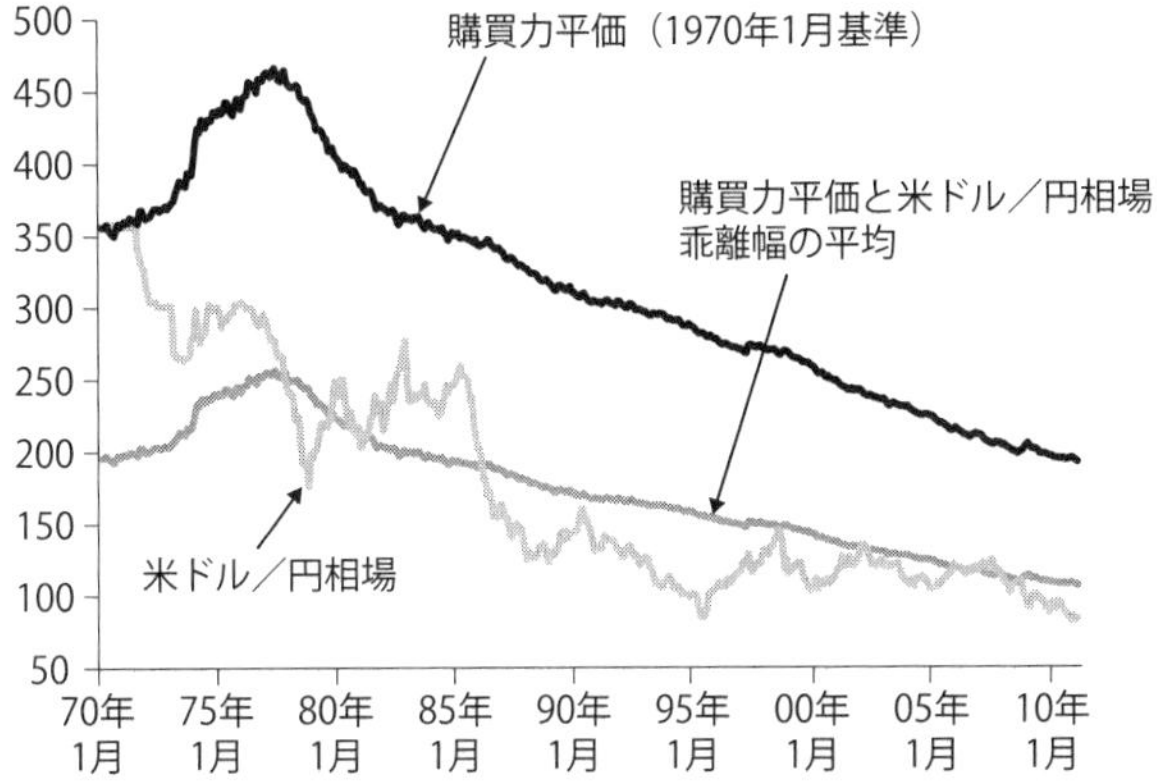

（出所）J.P.モルガン

業物価指数（米国は生産者物価指数）、図表８―２は消費者物価指数を用いて計算したものである。このように、購買力平価と実際の米ドル／円相場の乖離の平均値を取ったものを長期的な購買力平価として用いることにより、購買力平価の欠点をある程度克服できるのである。

実質実効レートも長期的観点から重要

長期的なレベル感を見るうえで、物価の変動率を考慮した実質実効レートの動きも重要である。例えば２００５～07年に急速に円安が進行した際、筆者は日本の証拠金取引や世界的に拡がった円キャリー・トレードに着目し、円安の動きが暫く続くと予想した。しかし、同時にこうした動きは「円安バブル」であり、いつにな

図表9　円の実質実効レート

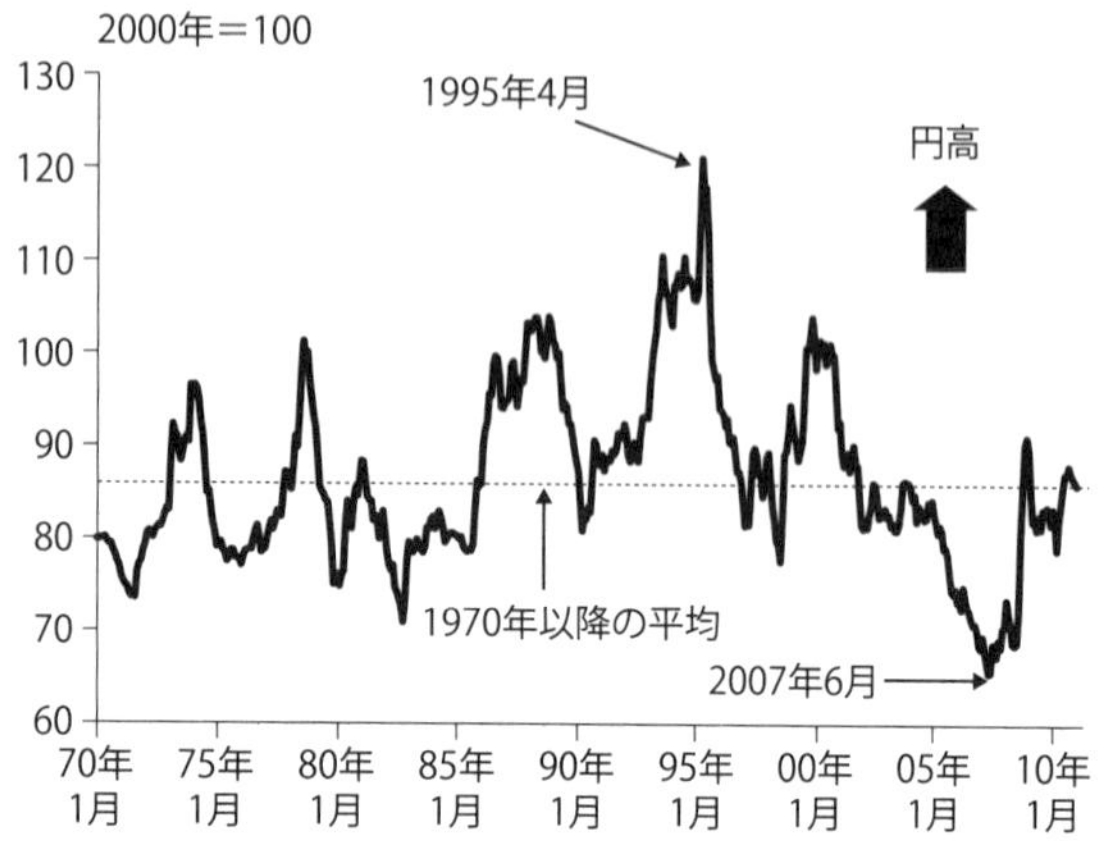

（出所）J.P.モルガン

るかは定かではないが、いったんバブルが崩壊すれば円相場は大幅に円高方向に修正されるであろうと予想していた。こうした予想の背景となっていたのは、図表9に示した円の実質実効レートの動きである。

話を進める前に、「実質実効レート」について説明しておこう。まず「実効レート」とは、複数の為替レートを加重平均したレートという意味である。第1章で説明したように、円相場が全体として上昇しているのか、下落しているのかは、米ドル／円相場を見ただけでは全くわからない。例えば、図表1－4で示したようなパターンの場合、米ドル／円相場だけを見ているとかなりの円高に見えてしまうが、実際にはこの時の米ドル／円相場の下落は、米ドルがあまりに弱かったことによるもので、円は米ドルの次に弱かった、つまり、円は全体的に見ると下落していたのである。

このように、１つの通貨に対してだけではなく、円相場を全体として見るために計算されるのが実効レートである。つまり、米ドル／円相場、ユーロ／円相場、豪ドル／円相場、加ドル／円相場等の円相場をすべて合算して、全体として円相場が上昇したのか下落したのかを表すためのものだ。実効レートを計算する際には、日本とそれぞれの国の貿易額をウエイトとして利用して計算を行う。例えば、日本銀行も使っているＢＩＳが算出する実効レートは57か国（ただし、うち15か国はユーロ圏内）との為替レート、貿易額を利用して計算されている。実効レートは指数なので、数字が大きくなるほど円高を意味するように作成される。

実効レートの前につく「実質」は、物価の上昇率で調整した後、という意味である。前項でビッグマックを用いて説明したように、物価の変動により通貨の相対的な価値は変わってしまう。例えば、円のように物価が下落している国の通貨である場合、物価の下落により、物価が上昇している他国の通貨に対して強くなっていっている。しかし、この時実際に取引されている名目の為替レートが全く変化しなかった場合、物価の変動を考慮した「実質的な円相場」は割安になっていることになる。このように、他国との物価上昇率の差も勘案し、かつ貿易取引のある国々との為替レート全体の動きを考慮して計算されるのが「実質実効レート」である。

前出の購買力平価は、例えば米ドル／円相場のような1つの通貨ペアについて、物価上昇率の差を勘案した後の「あるべき均衡レート」の推移を示していることになるが、実質実効レートは、円という通貨が全体として貿易相手国の通貨に対して、物価の変動も加味しながらどのような位置づけにあるのか、割安なのか割高なのかを示しているものになる。米ドル／円相場で円相場を分析しようとすると、米ドルの要因で米ドル／円相場が動いてしまう場合があるので、正しく円相場の動きを把握することができない。円という通貨がどのような動きをするのかを分析するためには、この実質実効レートを見る必要があるのである。

1ドル＝124円台は異常な円安だった

図表9からもわかる通り、円の実質実効レートは2005年頃から急速に低下し始め、07年半ばには、データのある1970年以来で最も割安なレベルまで下落している。名目の米ドル／円相場を見ると、07年6月に124円台までドル高・円安が進んでいる。図表10の長期的な米ドル／円相場の推移を見てもわかる通り、米ドル／円相場は02年1月に135円台まで上昇していることを考えれば、124円台はさほど異常な円安には見えない。名目の米ドル／円相場ではさほ

図表10　米ドル／円相場の長期推移

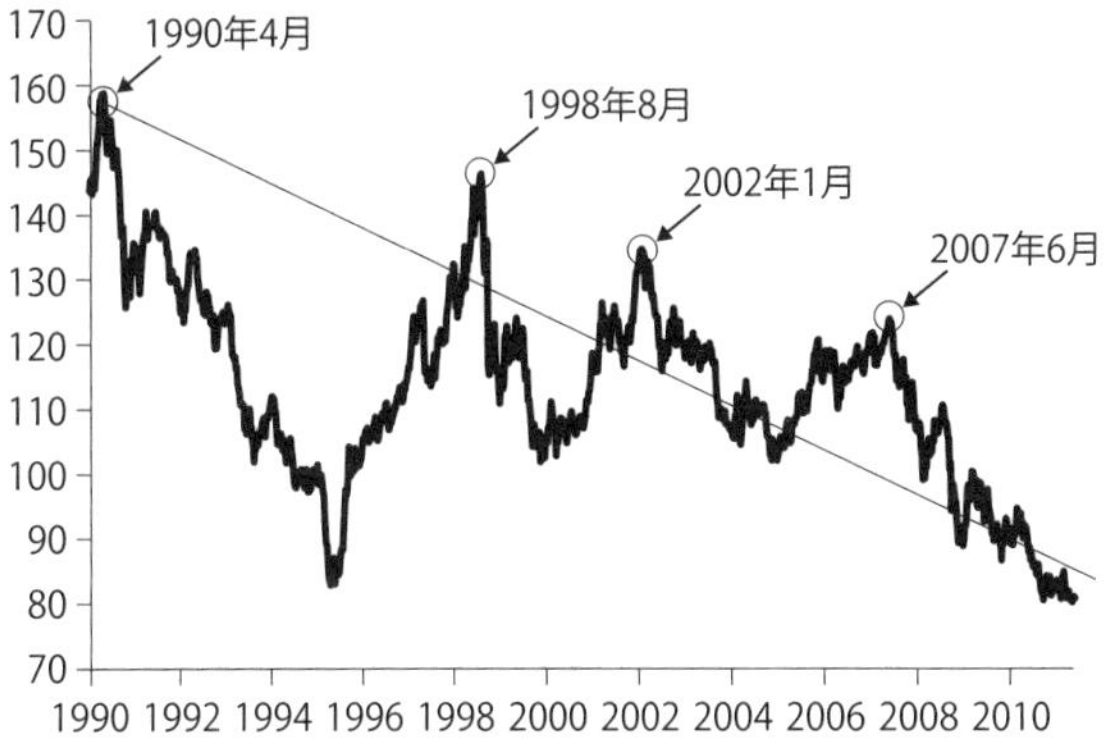

（出所）J.P.モルガン

ど異常な円安ではないのに、円の実質実効レートで見ると１９７０年以来で最も割安なレベルまで円安が進んでいるのは、日本では長期間にわたってインフレ率が相対的に低い状態が続いていたからである。

ビッグマックを用いて説明したように、日本では物価の上昇率が他国に比べ緩やかな状態が長年続いていたので、円の実質的な価値は他の通貨に比べて緩やかに上昇している。名目の米ドル／円相場が日米の物価上昇率の差を正しく反映して変動し続けるのであれば、緩やかにドル安・円高が進行することになる。つまり、購買力平価から見た均衡レートは、図表10の直線で示したような形で緩やかに米ドル安・円高方向に下落しているのである。

しかし、実際の為替相場は、大きな方向性としては購買力平価から見た均衡レートと同じ方向に向かうが、短期的に（ただし、この場合の「短期」とは10年以下を意味するが……）均衡レートから大きく乖離して変動する。2005年〜07年には、世界的に景気が回復し、投資家のリスク選好度が高まるなかで、日本だけがゼロ金利政策を維持し続けたことから、日本の個人投資家だけでなく世界中の人たちが円を借りて投資を行うようになった。アジアや欧州など、日本と全く関係ないところで、個人が住宅ローンを円建てで借りるような現象まで発生した。

筆者は当時、アジアの某国の支店に呼ばれて出張し、そこの支店の主に事業法人の顧客に米ドル／円相場の予想を説明して回ったことがある。この時訪問した顧客は、いずれも日本と取引を行っているわけではなく、単純に借入を円で行い、それを米ドルや当該国通貨に換えてビジネスを行っていた。当時よく言われた「円キャリー・トレード」には、こうした形のものもあったのである。世界中の投資家や事業法人が円を超低金利で借りて、これを売却して投資を行っていたわけであるから、円相場は均衡レートから大きく外れて円安方向に動いていったのも無理はないのである。

図表10の斜めに引いた直線と2007年頃の名目の米ドル／円相場を比較すると、円の実質実効レートが大幅に円安となっていた背景が理解しやすいであろう。米国の消費者物価上昇率と日

本の消費者物価上昇率の差は、過去21年間で見ると平均２・３％ポイント米国が日本を上回っていた。したがって、実質で見た米ドル／円相場の均衡値は、斜めの直線が示すように、理論的には年間２・３％のペースで、緩やかにドル安・円高に向かっていたのである。それにもかかわらず、世界中で流行した「円キャリー・トレード」のせいにより名目の米ドル／円相場は１２４円台まで円安が進んでしまったので、米ドル／円相場はこの斜めの直線から大きく上方に乖離した。結果的に図表９の実質実効レートで見た円相場は１９７０年以降で最も円安の水準となってしまったのである。この時、「02年は１３５円まで上昇していたのだから、１２４円はまだそれほど円安ではない」と考えた人も多かったであろう。為替相場は実質実効レートを見ずに、名目レートだけしか見ていないと、レベル感を見失ってしまうのである。

次の米ドル／円相場、ピークは１１５円

因みに、１９９０年以降の米ドル／円相場（図表10）を見ていると興味深いことに気がつく。米ドル／円相場のピークは90年４月の１６０円、98年８月の１４７円、２００２年１月の１３５円、07年６月の１２４円であるが、98年８月、02年１月、07年６月のピークはそれぞれその前のピークから約８％ずつ切り下がっているのである。これも、日米の物価上昇率の差を反映して、

名目の米ドル／円相場の均衡レートが徐々に切り下がっていることを示唆している。日米の物価上昇率の差がこれまでと同程度で推移する状況が進んだ場合、次の米ドル／円相場のピークは124円から8％程度下がった115円程度となることが予想されるのだ。

筆者は2005～07年の間、円安進行を予想しながらも、図表9の円の実質実効レートの極端な円安方向への動きに着目し、当時進行していた円安は「バブル」的な動きであり、一度弾ければ急激な円高が発生すると予想していた。ただし、実際にはバブルが弾けるタイミングを予想するのは困難で、円安のピークから5か月程度経過した07年11月に「円安バブルは終了した」と判断し、相場見通しを大幅に円高方向に転換した。図表9に示した円の実質実効レートから見ると、現在の円相場は1970年以降の平均的な水準までしか上昇していない。つまり、円相場の現状レベルは、長期的な物価上昇率の差を勘案するとさほど円高ではないと言うことができるのである。

ただし、これも長期的な意味合いでしか有用でない議論であり、短期的な円相場の方向性を示唆するものではない。つまり、現状の円相場が実質実効レートで見て1970年以降の平均的な水準でしかないことをもって、先行き半年や1年でさらに円高が進むとは言えない。実質実効レートが示しているのは、単純にその時の名目レートのレベル感だけなのである。また、実質実効レートはドル以外の通貨との相対関係も含んでいるため、実質実効レートが平均的な水準であることがドル／円相場の現状レベルが平均的な水準であることを示すわけではない。ユーロや豪ドルに対しては依然として円安だが、ドルに対しては円高であるために、加重平均するとちょうど平均的な水準、ということを意味している可能性もある。

20年後の米ドル／円相場はインフレ率次第

時折、筆者は顧客から10年、20年後に米ドル／円相場がどのくらいになりそうかという質問を受ける。特に事業法人にとっては長期的な事業計画を立てるうえで、こうした点に考えをめぐらすことは重要であろう。重要な長期事業計画を立てるうえで必要となってくる為替レートの予想であるから、「日本は国力が弱いから長期的には円安」「人口が減少する国の通貨を買う理由がない」などと、いい加減な理由で適当に円安予想をするのはよくないだろう。

10年、20年先の円相場の予想に対する答えは、どんな時でも同じである。答えは「日本の物価上昇率がこれまで同様、他国の物価上昇率を下回り続けるなら円高方向、逆に日本の物価上昇率がこれまでと異なり、他国の物価上昇率を上回るようになるなら円安方向」である。

筆者は米ドル／円相場が１２４円台近辺にあり、まだ円安予想を続けている時でも、円安バブルが破裂して円高方向への修正が起こった後は、米ドル／円相場は100円以下が当たり前のようになると説明していた。前述したように、実質実効レートを見ていれば（いつそれが実現するかの予想は別にして）こうした予想は難しくなかった。当時は、ほとんどの人がこうした見方に対して非常に懐疑的な反応をしていたが、現在、米ドル／円相場の均衡レベルが100円より上にあると信じている人はほとんどいないであろう。

同様に、物価の上昇率について一定の動きを前提とするのであれば、長期的、かつ、大きな意味での為替相場の予想はさほど難しくない。もし、日本の物価上昇率がこれからの20年間もこれまで同様2〜3％程度米国の物価上昇率を下回り続けるならば、米ドル／円相場は50円近辺で推移している時間が多くなるであろう。今、1ドル＝50円と聞くと突拍子もない話で、奇をてらっているのではないかと思われるかもしれないが、20年後の読者の皆さんはそうは思わないであろう。なぜなら、今後20年間で日米の物価水準はこれまで同様大きく乖離していくのだから、1ドル＝50円程度が適正になっていると感じているはずである。

しかし、筆者は必ずしも、米ドル／円相場が実際に50円台まで下落するとは考えていない。それは、日米のインフレ率格差がこれまでと同様の動きをせず、むしろ日本の物価上昇率が将来的に米国の物価上昇率を上回るようになってしまう可能性もゼロではないと考えるからである。長期の為替相場を予想するうえで重要なのは、長期的なインフレ率予想なのである。

インフレはデフレより怖い

日本の消費者物価上昇率は、１９８６年末から87年初の数か月間短期的に前年比マイナスとなり、その後いったんプラス４％台まで上昇。その後は94年7月に前年比マイナスとなってからは前年比ゼロ％を挟んで上下動を繰り返している。この結果、総務省が公表している長期時系列データによれば、２０１１年7月の消費者物価指数は約19年前の92年4月の水準と同レベル、消費者物価指数の前年比マイナスが始まった94年7月と比べてもほぼ同じレベルとなっている（図表11）。

私事で恐縮だが、筆者は１９９２年4月に社会人となった。他の社会人同期と同じように、社会人1年生だった頃に比べて、この19年間で筆者の収入もそれなりには増えている。それにもかかわらず、その間の物価が変化していない（実際には多少の上下動を繰り返して、結局19年前と同レベルになっている）ということは、筆者の生活水準は向上していると言える。例えば、現在のボールペンや小型乗用車の価格やホテル等の宿泊料、ゴルフ練習料金は19年前とほぼ同じである。実感はなかったとしても、19年前と現在とで物価の水準が同じということは、この19年間で収入が増加している人にとって生活水準は明らかに向上しているのである。

それにもかかわらず、「デフレ」は世の中ではかなりの悪者扱いになっている。デフレが問題視されるのは、物の価格が下がることによって企業の収益が伸びず、その結果そこで働く従業員の給与も増えないため、消費が伸びない。この結果、物価はさらに下がり、企業の収益は悪化し……と悪循環が続いていくことが懸念されるためである。そして、このデフレ脱却のためには金融政策を緩和しなければならないと、日銀がスケープゴートにされ、異常なまでの金融緩和を強いられている。日銀は1995年9月に政策金利を1％から0・5％に引き下げて以来、16年間もの間、政策金利を1％以下に維持している（この間2001年～06年の5年間は量的緩和政策も行っている）。歴史が常に正しいとは言えないが、歴史から学ぶことは重要である。歴史が示唆しているのは、政治からのプレッシャーで極端な金融緩和を行い、中央銀行の独立性が侵される状況が続くと、その結果引き起こされるのは比較的高いインフレである。

為替相場の問題から少し横道に逸れてしまうが、このデフレの問題について、3つほど指摘しておきたいことがある。

1つめは、過去20年間の日本経済において、デフレはスパイラル的な現象とはなっておらず、厳密には「日本はデフレの状態が継続していた」と言えるかどうかも微妙な状況であったという

図表11 日本の消費者物価指数の推移

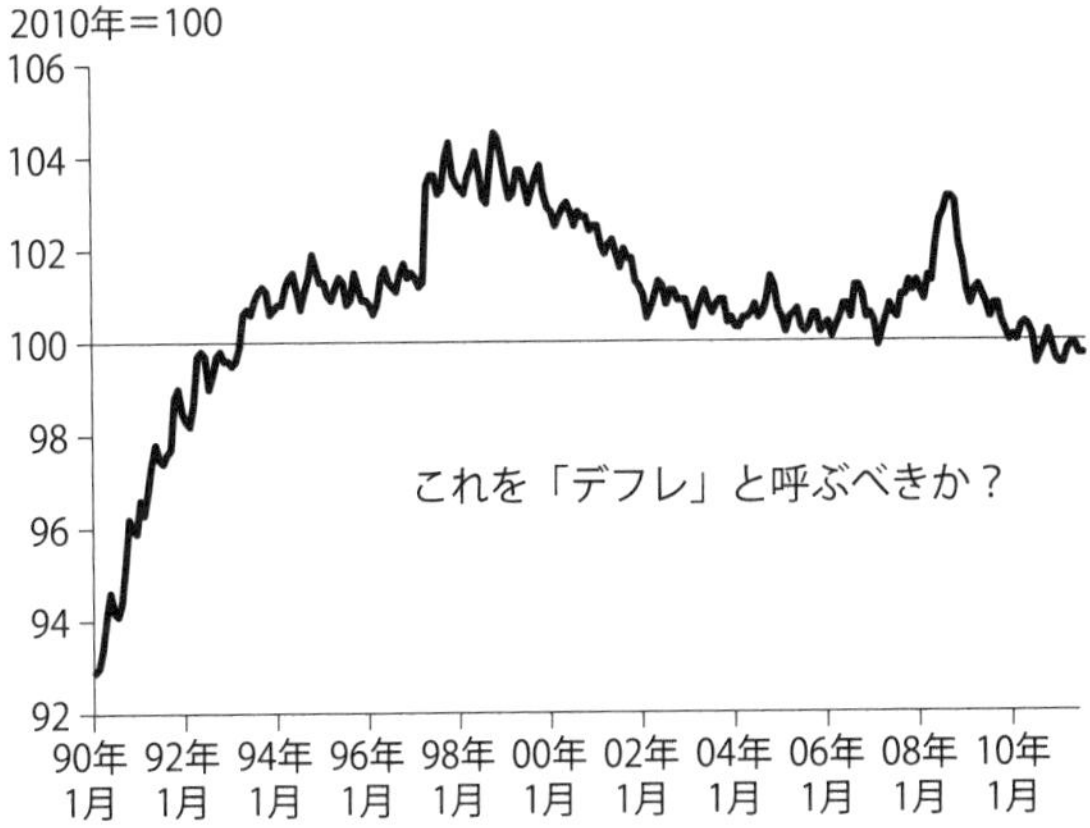

（出所）総務省

ことだ。前述のように、筆者が社会人になった19年前と消費者物価の水準は変わっていない。つまり、「デフレ」とは言い難い状況にある。

１９９０年代に入ってはじめて消費者物価の前年比がマイナスとなった94年７月以降の２０５か月間で、消費者物価の前年比がマイナスだったのは１２４か月、全体の60％程度に止まっている。逆に、残りの81か月（40％）は、物価は上昇しているか横這いであった。09年度の企業の経常利益（法人企業統計・全産業）は92年度より23％も増加している。また、賃金（厚生労働省、毎月勤労統計調査、決まって支給する給与、５人以上の事業所）は同期間に２％上昇している。経常利益が23％も増加しているのに賃金が２％しか増加していないところに物価が上昇しない根本的な理由があるような気もするが、取り敢えずこれ以上エコノミストの分野に深入りすることは避ける。

ここで指摘したいのは、過去約20年の間、日本はデフレスパイラルどころか「長期間デフレで悩まされている」と言えるかどうかも微妙な状態にあったということである。実は、単純に「物価が安定していた」だけと言えなくもないのである。日本銀行が通貨及び金融の調節を行うにあたっての理念は、「物価の安定を図ることを通じて国民経済の健全な発展に資すること」である。過去20年間、物価は明らかに安定していたと言え、その意味では日銀の金融政策はかなり機能してきたと言うことができる。

指摘しておきたい2点目は、そうした状況にもかかわらず、1~2%のインフレを起こすために無謀な金融政策を続けてもよいのかという疑問である。たしかに、現状のように物価が全く上昇せず、横這いを続けていたら、健全で力強い経済成長は望めないという主張は正しいかもしれない。しかし、だからと言って、ある意味では安定している物価を無理やり1~2%に押し上げなければならない意味がどこにあるのか。

もちろん、1~2%程度のプラスのインフレ率を目指すために行う政策に副作用がないのであるならば問題はない。ただ、先ほども指摘したように、歴史の教訓は中央銀行がコントロールを失うと物価は激しく上昇するリスクがあることを教えている。今のように巨額な財政赤字を抱え、しかもなお増え続けている時でも長期金利が上昇しないのは、日本のインフレ率が低いからである。その結果、人々は銀行に普通預金を預けておくという「投資」を選択しやすくなる。そして銀行に預けられた預金は、企業の投資意欲も湧かず、借入需要も少ないので結局国債に投資され、巨額の財政赤字を支えているのである。政治家の中には日銀に対して無理にでもインフレを引き起こすような金融政策の実施を要求する人もいるが、こうした政治家は、その結果が財政にどのような悪影響を及ぼすかを理解しているのだろうか。

指摘しておきたい3点目は、今の日本人の多くが、「デフレよりインフレがよい」と思い込まされてしまっているが、インフレ率が大きく上昇するリスクを冒すくらいなら、年間1％程度のデフレが続いていたほうが、一般の国民にとっては幸せだということである。日本の家計は現在1440兆円程度の金融資産を保有しているが、そのうちの800兆円（56％）は現金・預金である。前述した通り、インフレとは通貨の価値が下落することであるから、インフレ率が上昇したら、家計が保有する現金・預金の価値は目減りすることになる。収益が伸びていても、賃金が同程度に伸びていない現在の社会構造を考えれば、今後インフレ率が上昇したからといって、その分賃金が上昇する保証はない。

つまり、インフレになれば我々の実質的な購買力は低下する。それなのに、なぜ皆はインフレを望むのであろうか。デフレであれば、多少それが続いたところで、個人にとっては実質的な購買力が高まるので、実は幸せなことである。さらに、普通に会社に入って勤務を続けていれば、多少賃金制度などが変わってきたとはいえ、歳を取っていくなかで昇格等によりそれなりに名目賃金は増える。デフレで物の価格が下がるなかで、賃金はそれなりに増えるのであるから、実質的な購買力は結構上がっているのである。

ハンバーガーが100円に値下がりすることでマクドナルドに行く機会が増えれば、たいていの場合子供は喜ぶだろう。しかし、インフレ率が大きく上昇すると、銀行に預けている預金はその価値が目減りし、賃金はインフレ率ほどには増えないので、実質的な収入は減少し、生活のレベルは低下することになってしまうのである。ハンバーガーが300円、400円と値上がりしたら、子供をマクドナルドに連れていける回数は減ってしまう。ごく普通の一般的な国民にとっては、デフレなどより、保有する預金の価値がどんどん目減りするインフレのほうがよほど怖いのである。

米ドル／円相場＝150円となる時、日本は不幸になっている

筆者は、「デフレ＝悪」という考え方は強者の論理だと思っている。つまり、デフレ状態が続くと日本の大企業は売上げが伸びずに困る。大企業が困ったら、その下請けの中小企業も困るだろうし、そこで働く人々も困る。だから「デフレ＝悪」である、という考え方である。もっとも、前述した通り、日本の消費者物価指数は過去20年弱の間「デフレ」と言われながら、結局は横這いであった。他国の国民がインフレ下にあって預金が実質的に目減りしているなか、日本国民の円建て預金は過去20年弱の間価値を保ち続けている。この間、国民の平均賃金は2％程度しか上昇していないが、通常の社会人の場合、この間に一定程度は昇給しているであろうから、実質的な購買力は増加し、ほとんどの人が年齢を重ねるごとに豊かになっているはずである。

インフレ率の高い国ではこうはいかない。いくら年齢を重ねるごとに給料が少しずつ上がっても、給料の上昇率以上に物価の上昇率が高ければ、実質的な購買力は低下していき、貧しくなってしまうのである。

企業はたしかに物価が上昇しなければ売上げが伸びず苦しいだろうが、弱者である個人は比較的メリットを受けてきたのである。しかし、強者である企業が「デフレ＝悪」であると言い続け

るので、実はメリットを受けてきた弱者である個人まで「デフレ＝悪」と思い込まされてしまっているのではないだろうか。このことは、今後実際にインフレになってきた時にわかるはずだ。ガソリンの価格が上昇し、ハンバーガーも牛丼も、電気料金もガス料金も電車賃もみな値上がりして、それでも給料が横這いに抑えられた時、弱者である個人は、やっと「デフレは何が悪かったのだろう。インフレのほうが悪いじゃないか」と気づくのだ。その時、強者である大企業は売上げが伸びる一方、「まだこれは一過性の動きだから」と言って賃金上昇を渋ることになるのである。

話を為替相場に戻すと、日本のインフレ率が大きく上昇し、他国を大きく上回ることになれば、前述の購買力平価の項で説明した通り、為替相場は長期的に円安方向に向かうことになる。日本のインフレ率が上昇し、米国のインフレ率を大きく上回れば、米ドル／円相場は長期的に150円、200円と上昇していくことになるだろう。

我々は本当にそんな状況を望むべきなのだろうか。筆者はこういう状態になれば、多くの日本人が不幸になると考えている。物価は大きく上昇しているものの賃金はさほど増えないから、これまでと同様の物は買えなくなる。つまり、これまでと同じようなペースでは洋服や靴、鞄などは買えなくなる。週末のレジャーも控える必要がある。海外旅行は諦めざるを得ないだろう。筆者が子供の頃、と言ってもほんの30数年前、海外旅行はかなり特別なことであったが、またそんな時代になるかもしれない。ハワイ旅行に行ける人は羨望の目で見られ、海外出張となれば同僚が壮行会を開いてくれるような時代に戻るのであろう。

さらには新興国の台頭により、今後食品やエネルギーの価格が上昇することも予想される。日本はこれらのかなりの部分を輸入に頼っているわけで、一般的な日本人にとって食品やエネルギー価格は、そのもの自体の価格上昇と円安による輸入物価の上昇によるダブルパンチで大きく上昇することになる。食費を切り詰めたり、暖房や冷房も極端に使用を制限する必要が出てくるかもしれない。因みに、最近中国の投資家が日本の土地や水資源を買おうとしていると懸念する向きも増えているが、米ドル／円相場が１５０円、２００円レベルまで円安が進んだ場合、海外投資家による日本買いはさらに拍車がかかることになる。何しろ、日本の土地の価格は外国人にとって今の半分以下になるのであるから。

第 4 章

円に買われる理由などいらない
——中期的な為替相場変動の要因

中期的な為替相場の変動要因として重要なのは、国境を跨いだ資金の流れがどちらに向かっているかである。具体的に言えば、国境を越える、①貿易に関連した資金の流れ、②証券投資に関連した資金の流れ、③直接投資に関連した資金の流れ――がどちらに向かっているかである。そして、中期的な為替相場の動きを予想するうえでもう1つ重要なポイントは、④これらの資金の流れがヘッジ付きかどうか、ということである。

投機筋のフローより貿易収支が重要

時折、為替市場の取引額は上記①～③の合計額に比べると膨大であり、したがって、これらの資金の流れが為替相場に与える影響は軽微であるとの解説が聞かれる。

第2章でも紹介したように、ＢＩＳ（国際決済銀行）の調査によれば、世界全体の為替市場における２０１０年４月の１日当たりの平均取引高は約４兆ドルである。しかし、これはフォワード（先物）取引やオプション取引も含んでいる数字で、スポット取引だけを見ると約１・５兆ドルとなる。このうち、円全体（つまり、米ドル／円とクロス円をすべて含む）の１日当たりのスポット取引高は３０００億ドルで、円換算すると約28兆円（10年４月中の平均１ドル＝93・50円で計算）となる。

1日の取引高が約28兆円ということは、1か月（20営業日で計算）では約560兆円、1年間の全世界での円全体のスポット取引高は6720兆円という膨大な数字となる。日本の年間の輸出入額合計は120兆円（2010年）、対内対外証券投資の合計額は1140兆円（同）、対外直接投資の合計額は19兆円（10年）、対内直接投資の合計額は10兆円（同）である。これらの合計額は1289兆円となり、6720兆円の19％程度にしかならない（時折、貿易収支やネットの証券投資額を用いて分析が行われていることがあるが、それは正しくない。これらをネットの数字で分析するのであれば、スポット取引高もネットの数字を使用する必要があり、そうなると言うまでもなく売りと買いで相殺されてしまうことになる）。

こうした数字を見ると、貿易、証券投資、直接投資における資金の流れが為替相場に与える影響を、小さいように感じてしまうのも無理はない。しかし、こうした見方は正しくない。

たしかに、実際のスポット取引高の残り80％を占めるのは、銀行のトレーダーや短期的な取引を行うプレーヤー、つまり投機筋の取引である。しかし、それでは中期的な為替相場の動向はこれらの残り80％の短期的な動きをするプレーヤーによって決められているのだろうか？　事実はそうではないのだ。なぜなら、これらの短期的なプレーヤーは、ドルを売ったら買い戻す必要があり、ドルを買ったら売り戻す必要があるからである。そして、おそらくこの80％のうちのかなりの部分が1日でポジションを閉じる超短期プレーヤーの売りと買い双方のフローを含んでいる。さらに、やや長めにポジションを取るマクロ・ヘッジファンドなども、ポジションを維持する期間は長くても3~6か月であろう。

つまり、半年以上の期間で見ると、この80%の取引高のうち、半分は投機筋の買い(または売り)、半分はその投機筋によるポジションの手仕舞いであり、相場の方向性に対する影響はニュートラルということになるのである。

為替相場にとっては片道切符の動きが重要

したがって、中期的(ここでは6か月以上10年未満を中期とする)な為替相場変動には貿易収支、証券投資、直接投資のように、基本的には片道切符となるフローが重要になってくる。ここで、貿易収支は基本的に片道切符の動きであることはおわかりと思う。証券投資や直接投資はいずれ反対方向の取引が行われるかもしれないが、6か月以内に反対方向の取引が行われる可能性はあまり高くない。したがって、為替相場に対するインパクトとしては、これらの資金の流れが重要なのである。

このうち証券投資に関しては、より細かく見る必要がある。通常の場合、株式投資関連の資金の流れはそのまま為替相場に影響すると見てよい場合が多い。一般的に言って、個別株の価格変動率は為替の変動率よりかなり大きいため、為替リスクをヘッジするインセンティブが低いと考えられるためである。

ただ最近は、株式のファンドが為替リスクを別に管理してヘッジする例も増えてきているので注意が必要である。また、債券投資に絡む資金の流れはヘッジ付きの場合が多いので注意する必要がある。なぜなら、債券投資から得られるリターンはクーポンと債券価格の変動によるもので、株式投資に比べて大きくない。したがって、為替ヘッジなしで投資を行い、仮に為替相場が意図していた方向と反対に動いてしまうと、簡単に債券投資から得られるリターンがマイナスとなってしまうリスクがあるためである。

証券投資のなかでは株式投資よりも債券投資関連のフローのほうが圧倒的に多い。したがって、債券投資がヘッジ付きかヘッジ付きでないかを見極めるのは、為替相場を分析するうえで非常に重要なのだ。そしてその点から、金利の動きやイールドカーブの形状が重要になってくる。というのも、これらの要素により債券投資関連のフローがヘッジ付きとなるのか、そうではないのかが決まってくるからである。この点については、後ほど詳しく説明する。

プラス=円売り　　マイナス=円売り

対外証券投資等合計 (a)	貿易収支 (b)	外国人の日本株投資 (c)	ネットフロー (b)+(c)-(a)	円名目実効レート前年比	
13.3	11.6	-1.3	-3.0	1.4	
11.1	12.0	9.8	10.6	7.2	
11.4	13.9	10.5	2.5	0.1	
14.7	10.3	12.6	-4.3	-10.3	円キャリー
14.9	9.5	8.1	-5.5	-3.9	円キャリー
10.5	12.3	4.1	1.8	-0.1	
21.8	4.0	-7.4	-17.8	32.4	→円キャリー巻き戻し
12.3	4.0	0.0	-8.2	-3.6	
14.3	8.0	1.8	-4.5	12.9	→中銀？

資本の流れで過去の円相場は説明できる

図表12は証券投資、直接投資、貿易収支について、為替相場に与える影響が大きいと考えられるフローを纏めたものである（前出の図表4の基となっているデータ）。こうしたフローのデータを分析すると、過去の円相場の動きをある程度説明することができる。厳密に言うと、資本フローデータで説明がつかなければ、それ以外のところに原因があることがわかるのである。

例えば、2003年は対外証券投資等のフローが11・1兆円の円売り（この頃は生保の対外債券投資はほとんどがヘッジ付きと考えられるため円売り額から控除）となるなか、貿易収支は12・0兆円となっており、日本人の対外証券投資と貿易

図表12 為替相場に影響を与えると考えられるフロー

	外国株		外国債券				直接投資
	合 計	うち投信	生保	信託勘定	投信	個人	
2002	4.6	0.4	1.1	1.2	0.8	3.8	2.9
2003	0.7	0.3	5.5	0.0	3.2	4.7	2.6
2004	3.2	1.9	2.9	0.6	3.4	1.7	2.5
2005	1.5	1.0	-0.8	2.4	4.0	2.9	4.7
2006	1.5	2.0	-0.2	1.9	3.4	1.8	6.6
2007	0.2	3.3	0.8	2.2	2.6	-1.3	6.0
2008	6.1	0.4	-0.1	1.7	0.6	2.7	10.7
2009	3.5	1.0	1.8	0.5	2.5	0.0	5.9
2010	1.5	-0.2	3.7	1.2	4.3	2.2	5.1

*2002年～2004年、2009年～2010年の生保の外債投資、2004年～2008年の外国人の日本株投資はヘッジ付きと考え、フローとしては考慮しない
(出所) 財務省

収支がほぼバランスしている。こうした状況下で、外国人による日本株投資が9・8兆円と増加した結果、ネットの円買い額は10・6兆円となっている。この結果、円の名目実効レートは7・2%も上昇したのである。つまり、03年の円高の背景は外国人による日本株買いによるものであったと言うことができる。

日経平均株価はITバブル崩壊の後03年4月に7603円と約20年振りの水準まで下落し、その後の半年で40%以上も上昇した。当時の時代背景としては、03年5月にりそな銀行が約2兆円の公的資金注入を申請して実質的に国有化され、これを契機に銀行株が大きく買われている。外国人投資家による日本株投資は03年6～9月の間が非常に多くなっており、年間投資額9・8兆円のうち

この4か月間で6・0兆円の投資が行われている。円が最も急速に上昇しているのは03年8～9月の2か月間である。このことからも、03年の円高は外国人投資家による日本株買いによるものであったことがわかる。

2005年から始まった円安の動きは07年7月まで続いている。07年は7月までが円安、その後が円高なので、年間を通じた円の名目実効レートの騰落率は結局マイナス0・1％に止まっている。

この期間の円安の流れは、「円キャリー・トレード」が原因である。世界景気が堅調に推移し、世界的な株価上昇が続くなか、日銀は2006年3月まで量的緩和政策を続け、この結果様々な投資に円が調達通貨として使われる円キャリー・トレードが流行した。身近なところでは、図表12に示されている日本の投信を通じた外国株・外国債券投資（05～07年合計で16・3兆円）、個人投資家による外債投資（05～06年合計で4・7兆円）などがあり、その他日本の個人投資家による証拠金取引、欧州やアジアでの円建て住宅ローン（実際に円で住宅ローンを貸し出すわけではないが、銀行が円で資金を調達してそれを現地通貨に換えて貸し出す結果、住宅ローン金利が大幅に低い商品となった。為替リスクは住宅ローンを借りている個人が負担する）なども出現した。

図表12からわかるフローだけ見ると、２００５年、06年とそれぞれネットで14・７兆円、14・９兆円の対外証券投資等が行われている。この頃の外国人投資家による日本株投資は、ほとんどがヘッジ付きであったと考えられるため為替相場には影響しなかったと見ることができ、ネットフローはそれぞれ４・３兆円、５・５兆円の円売り越しとなっている。この結果、円名目実効レートはそれぞれ10・３％、３・９％下落した。つまり05、06年の円安には日本の投資家による対外証券投資等が寄与していたと言うことができる。

もっとも、これは後からわかることであるが、おそらく10・３％、３・９％の円下落は日本人による外貨建て証券投資等以上に、海外勢の円売り（円建て住宅ローンも含む）によるところも大きかったと考えられる。

２００８年は大幅に円高が進んだ年である。名目実効レートベースで実に32・４％も上昇しているが、そのほとんどが９月のリーマン・ショック後に発生している。しかし、図表からもわかるように、日本人投資家の対外投資は比較的高水準となっている。外国株の買い越し額合計（６・１兆円）が多いのは年金基金によるもので、リーマン・ショックで株価が暴落した後の08年10～12月の３か月間で４・０兆円の外国株を買い越している。

ただし、投信を通じた外国債券投資は年後半には売り越しに転じているほか、個人向け外債投資の買い越し額（2・7兆円）のほとんどは年前半に行われたものである。2008年対外証券投資等合計の21・8兆円の半分は直接投資（10・7兆円）によるものである。この年、外国人投資家は日本株を7・4兆円売り越しているが、それまでの数年間がヘッジ付き投資と考えられるため、この売り越しも円売りには繋がっていないと考えるのが妥当であろう。こうして計算すると、08年は17・8兆円の円売り超になり、それにもかかわらず32・4％も円高が進んだことになる。つまり、08年の大幅な円高は日本人によるフローでは説明できない部分があり、おそらくそれは05年〜07年前半までに行われた海外勢による円売りの巻き戻し（円の買い戻し）によるところも大きかったものと考えられる。

「ヘッジ付き」かどうかが重要な理由

ここで再び重要になってくるのはヘッジについてである。2008年の対外証券投資等のフローが17・8兆円にもなっているのに大幅に円高が進行したもう1つの理由は、日本の機関投資家、特に生保が、米国の金融危機による混乱からリスク許容度を極端に低下させ、保有外債のヘッジ比率を高めたからと考えられる。ヘッジ比率の増減はこの表には出てこないが、フローとしては非常に重要である。と言うのも、日銀の資金循環勘定によれば、生保の外貨証券保有残高は約40兆円で、このうちかなりの部分が外貨建て債券と考えられるため、ヘッジ比率を10％高めれば4兆円程度の円買いが出ることになるからだ。筆者はこの年生保が20～30％程度へッジ比率を高めた可能性があると考えている。

このほか、日本は266兆円もの対外純資産を抱えている。このうち100兆円程度は外貨準備だが、残りの160兆円程度の民間が保有する対外純資産の為替リスクをヘッジするために円を買う動きが出たら、それが資産の数パーセントでも比較的大きな円買いになると考えられる。これが2008年に比較的大規模な新規対外証券投資等が発生したにもかかわらず、円が大きく上昇した背景の1つであると考えられる。

このように、日本を取り巻く資本フローだけで円相場がすべて説明できるわけではない。単なる数字を足し合わせるだけでなく、対外投資がヘッジ付きなのか、そうではないのかを把握することも重要である。そして、日本を取り巻く資本フローの向きをしっかりと理解することによって、それで説明できない円相場の動きが他の要因によるものであるということも推測できるわけである。

例えば、2010年は対外証券投資等が14・3兆円と高水準であった。貿易黒字と外国人の日本株投資もそれなり大きかったため、ネットフローは4・5兆円の円売りに止まったが、それでもネットで円は売り越しになっている。もっとも、一方で円の実効レートは12・9％も上昇している。この背景として考えられるのは、海外中銀等による日本の債券購入である。海外中銀は欧州周辺国の財政問題等を背景にユーロ建て資産を減らし、それまで外貨準備の中で極端にアンダーウエイトとしてきた円建て資産を増加させ始めたと考えられる。米国、欧州ともに長期金利が低下し、さほど日本との差が大きくなくなったところで、円高傾向が進んでいることもこうした動きを助長したと考えられる。通常、海外投資家の日本債券投資は為替リスクをヘッジして行われる部分がほとんどと考えられるため、為替の分析には考慮しないことが多く、図表12からも除外しているが、10年は一定程度このフローが影響していた可能性が高い。

実際、海外投資家は２００８年と09年の2年間で合計12兆円の日本の債券（中長期債と短期債）を売り越しているが、10年は7・3兆円の買い越しに転じ、11年は7月までで既に12・1兆円も買い越している。

日本は簡単に経常赤字国にはなれない

時折、日本はいずれ経常赤字国になり、その結果日本国債を自国の貯蓄で支えることができなくなって国債価格は暴落、円が売られるといったシナリオを耳にする。たしかに、長期的に見て

図表13 日本の経常収支 (兆円)

	経常収支	貿易収支	サービス収支	所得収支	経常移転収支
2006年	19.8	9.5	-2.1	13.7	-1.2
2007	24.8	12.3	-2.5	16.3	-1.4
2008	16.4	4.0	-2.1	15.8	-1.4
2009	13.3	4.0	-1.9	12.3	-1.2
2010	17.1	8.0	-1.5	11.6	-1.1

(出所) 財務省

その可能性はないとは言えない。ただし近い将来、おそらく今後10年程度は、日本が経常赤字国になり国債価格が暴落する可能性は極めて限定的であると言える。

図表13は日本の経常黒字とその内訳(貿易収支、サービス収支、所得収支、経常移転収支)を示している。例えば2010年の経常黒字は17・1兆円で、内訳は貿易黒字が8・0兆円、所得収支の黒字が11・6兆円である。つまり、日本の経常黒字はかなりの部分が所得収支で占められている。そして、所得収支の黒字のうち証券投資収益が8・3兆円を占める(うち債券利子が7・4兆円)。

今後製造業の海外移転が進めば貿易黒字は減少、ないし赤字になる可能性は小さくないかもしれない。それは、10年を待たなくても実際に起こることかもしれない。しかし、所得収支の黒字は日本人が保有する対外債権から発生する配当金や利子収入なので、そう簡単にはなくならないだろう。日本人が大量に外債や外国株を売却してしまうなら話は別だが、日本の投資家が引き続き外債や外国株を保有し続け、外債から得られる利回りも一定程度が維持されるなら、所得収支の黒字はさほど大きく減少することはない。実際、日本の所得収支の黒字は過去6年間10兆円以上を維持している。つまり、日本が経常赤字国になる時は、貿易赤字が10兆円以上になる時である。本当にそんなことが簡単に起こるのだろうか。

筆者は、このシナリオにも無理があると考える。つまり、今後日本の製造業が生産を海外に移転させた結果、貿易黒字は減少し、赤字に転ずる可能性もあるかもしれないが、これは日本企業が対外投資を増加させることも意味しており、結果的に配当の増加を通じて所得収支の黒字は増加する可能性が高い。こう考えると、日本が経常赤字国になるのは相当先の話のような気がするのである。

因みに、2011年3月の大震災の影響で、4月と5月の貿易収支は1・2兆円もの赤字を記録したが、それでも経常収支は4、5月合計で1兆円の黒字となっている。理由は所得収支が2・8兆円の黒字だったからである。あれだけの大災害を受けても経常収支は黒字を維持するのだから、それほど簡単に近い将来経常収支が赤字になるとは思えない。

円に買われる理由などいらない

「円がこれ以上買われる理由はない」とか、「ドルが売られるといつも経常赤字の話が出てくるが、米国はずっと経常赤字なのだから、それは既にマーケットに織り込まれているのではないか」といった表現がされることも多い。しかし、ここまで説明してきたような様々なファクターや資本フローがどのように為替相場に影響するかを理解していれば、こうした考え方は正しくないことがわかるであろう。

実際、ずっと円高基調が続いてきているにもかかわらず、「ここから積極的に円を買う材料は乏しい」という解説を聞くことがある。これは本当におかしな話だ。振り返れば、米ドル／円相場は２００７年夏の１２４円から11年８月の75円台までほぼ一貫して円高傾向を辿ってきた。それにもかかわらず、この下落過程で何度も何度も「ここから積極的に円を買う材料は乏しい」と言われた。そう言われながらも、しかしずっと米ドル安・円高傾向が続いてきているのである。賢明な読者なら、「ここから積極的に円を買う材料は乏しい」という解説を聞いた時、「それでは、なぜ今までずっと円が買われてきて、ここから円が買われる材料がなくなるのは何が変わるからなのか？」と聞いてみるべきであろう。

円にはそもそも買われる理由など必要ない。日本は世界第2位の経常黒字国であり、貿易黒字も大きい。円高が進行している時に、日本の輸出企業を前にして「円を買う理由はないでしょう。なぜ円を買うのですか？」とは聞けないであろう。日本の輸出企業は円相場がどのような動きをしていても、輸出で稼いだ外貨を売却して円を買わなければならないのだ。図表12で見たように、対外証券投資等がネットで円売りになる時には、日本の投資家が何らかの取引動機をもって対外証券投資を行う必要があるが（つまり、理由が必要）、貿易収支が黒字であれば自然に円買い要因となるのである。「相場に事前に織り込まれる」などということはない。

また、日本は世界最大の対外純債権国である。グローバル経済が何らかの理由でショックを受け、世界中に拡がっていた投資資金がリスクを嫌って出所に戻ってくる時、円は最も買い戻される通貨になる。この時円を買っているのは、リスクを嫌った日本の投資家である。世界経済の混乱を受けて慌ててリスク量を削減し、リスクの高い投資を手仕舞おうとしている日本の投資家に、「円がこれ以上買われる理由はない」とは言えない。こうした状況にある日本の投資家にとっては、円を買う理由どころか円を買い戻す必要があるのである。

また、こうした状況では必ずしも外国の債券を売却したり、海外に置いてある資金を日本に送金したりする必要はない。投資家や企業が削減したいのは為替リスクであるから、為替先物で円を買い戻せばよいのである。つまり、債券投資や資金移動のデータに現れてこなくても、リスク回避のための円買いは発生しているのである。

先に説明した通り、円は通常、世界や日本の景気が好調な時に売られる傾向が強い。これは、景気のよさを背景に、リスクテイク嗜好を強めた日本の投資家や企業が対外投資を活発化させるためである。こうした対外投資が貿易黒字に絡む円買いを上回った時に円は弱くなるのである。したがって、円を売って外貨を買う「理由」がある時に、円は下落するのである。円にとって必要なのは「買われる理由」ではなく、「売られる理由」なのだ。

米ドルに売られる理由などいらない

逆に、米ドルには売られる理由など必要なく、必要なのは買われる理由である。言うまでもなく米国は世界最大の貿易赤字国である。したがって、米ドルが売られるのに理由など必要はないのだ。世界中の輸出業者が米国への輸出で得た米ドルを毎日淡々と売っているのである。こうした米ドル売りは毎日変わることなく行われており、すべての市場参加者が知るところであるが、これも当然相場に「織り込まれる」ことはない。世界中の輸出業者が米ドルを売った時、それを相殺する米ドル買い需要が弱ければ米ドルは下落する。だから米ドルにとって重要なのは買われる理由なのである。

時折、米ドルが下落している時に、「米国の巨額な経常赤字に注目が集まり米ドルが売られている」などといった解説を聞く。しかし、こうした解説は正しくない。注目が集まるとか集まらないということではなく、単純に巨額な経常赤字から発生する売りを相殺するほどの買いがないから、米ドルは下落しているのである。世界の輸出企業は市場が注目しようがしまいが、毎日米ドルを売る必要があるのだ。

米ドルが買われる「理由」は主に2種類ある。

1つは何らかの理由で世界の投資家が、為替リスクを取って米国に投資をする時である。細かいことを言うと、この「為替リスクを取って」という点が重要である。つまり、ヘッジ付きではなく、米ドルを外為市場で買って米国の債券や株式に投資をするフローである必要がある。この時、ヘッジ付き投資にするか、ヘッジ付きでない投資にするかを決めるうえで重要なのは、米国の短期金利である。短期金利は資金を借り入れる時のコストになる。米国の短期金利が非常に低い水準で推移していて、近い将来も上昇する可能性が低いと考えられていると、世界の投資家はわざわざ為替リスクを取ることはせず、低いコストを支払って米ドルを借り入れて米国の債券や米株への投資を選択する。

為替レートは１日に１～２％動くこともある。しかし、例えば米ドル３か月物金利は２０１０年９月頃から０・３％前後で推移している。この状況が先行きも暫く続くと考えるなら、１日で１～２％動く為替市場で為替リスクを取らなくても、年率０・３％のコストを払って為替リスクをヘッジしたほうが得策と考える投資家のほうが多いであろう。こうした投資家が多いと、たとえ米国への証券投資が多くなったとしても、米ドルを購入しての投資ではないため米ドルの支えにはならないのだ。巨額な経常赤字国で常に自然発生的な売りに晒されている米ドルに必要なのは、売られる理由ではなく「買われる理由」、ないしは投資家が米ドルを「買ってくれる環境」なのである。

米ドルが買われるためのもう１つの理由は、何らかの理由で海外に投資を行っていた米国の投資家が国内に資金を回避させるためにドルを買い戻して、それが貿易赤字に絡むドル売りを上回る時である。これは必ずしも米国の投資家である必要はないかもしれない。米国の金融市場は世界最大である。米ドルは基軸通貨として世界中の様々なところで使われている。例えば、中国の企業がロシアに投資を行う場合、世界の金融市場で米ドルを借りて、それを為替市場でロシア・ルーブルに替えてロシアに支払っているかもしれない。この時、何らかの理由で中国の企業が投資から手を引くことになった場合、この中国企業はルーブルを売ってドルを買い戻し、資金を返済する必要が出てくる。または、この中国企業は実際には投資から手を引かなかったとしても、その他の理由で米ドルが上昇してしまう可能性が強まれば、先物で米ドルを買い戻して為替リスクをヘッジする必要が出てくるのである。

この2つめの理由は円の場合と同じである。つまり、経常収支や対外債権債務の状況を見るとまるで正反対の日本と米国は、資本の出し手であるという点と通貨が資本調達通貨であるという点では同じなのである。したがって、世界で景気後退、株価下落、大災害の発生等、投資家のリスク回避志向を強めるようなことがあった場合には、米ドルも円も両方とも買い戻されることになる。しかし、この場合通常は米ドルよりも円のほうが強くなり、米ドル／円相場は下落するケースが多い。これは言うまでもなく、経常収支や対外債権債務では圧倒的に円のほうが米ドルよりも有利な位置になるためである（こうした通貨の関係を図で示したのが前出の図表1－8である）。

同じ大地震を受けても円とニュージーランド・ドルの動きが異なるのはなぜか

2011年3月11日に発生した東日本大震災は、人的、物的、金銭的損害を含めて、筆舌に尽くし難い甚大な被害を日本にもたらした。為替相場の反応は地震発生後に一瞬円安となったが、その後は円が買い戻され、結局3月17日の日本時間早朝に、それまでの戦後最安値である79・75円を割込み76・25円まで急落した。ただしこの日の米ドル／円相場の急落は、ニューヨーク時間夕方5時、日本時間早朝6時という市場の流動性が非常に低い状況下で短期筋による円売りポジションが一気に巻き戻されたことが背景にあり、テクニカルな要素が強い。しかし、どうであれ円が買い戻された事実は、やはりこれまで同様、日本経済や国民生活にとってよくないことが発生した時、円相場は上昇する傾向があるということを改めて示唆した。

「日本がこれだけの大惨事になっているのだから、日本の通貨である円は売られるのではないか？」「2月にニュージーランドのクライストチャーチで大地震があった際にはニュージーランド・ドルは売られたではないか？」と考えたくなる気持ちはわかる。しかし、為替相場の動きを考える時には、その国の経済構造を考えなければならない。

重要なポイントは3つある。1つめは当該国が資金の出し手なのか、資金の受け手（投資資金が向かう先）なのかという点である。日本は明らかに出し手、ニュージーランドは受け手である。これは、以前円キャリー・トレードが流行った時に、日本の個人投資家がニュージーランド・ドルを積極的に購入していたことからもわかるであろう。2つめは当該国が経常黒字国か経常赤字国かという点である。日本は世界第2位の黒字国、これに対してニュージーランドは赤字国である。３つめは当該国が債権国か債務国かという点である。日本は世界最大の純債権国、ニュージーランドは債務国である。このように、日本とニュージーランドでは経済構造が全く異なるため、同じ大地震という現象を受けても為替相場の動きは異なるのである。

日本や世界経済が大きく後退するなど、日本の投資家や企業がリスクを避けようというマインドになった時に円が買われるというパターンは、これまで何度も繰り返されてきた。日本がこれだけの大惨事に見舞われても円が買われるのは、前述の３つの重要ポイントが影響している。

まず、日本が資金の受け手ではなく出し手であるということだが、日本には、何かネガティブなことがあった場合に日本から出て行くような海外からの短期的な投資資金はほとんど入っていない。したがって、今回のような大震災があったからといって円売りのフローは発生しにくい。大震災後暫く経過した4月以降、海外の投機筋による円売りが進んだが、こうしたフローは投機によるもので、後に円を買い戻して利益を確定する必要がある。既に日本に投資をしていた資金が逃げ出すことにならなければ、日本での災害を受けた円安という状況が続くことにはならない。もちろん政情が不安定な新興国なら、自国民が資金を海外に逃避させるという事態も発生するが、日本ではそういうことも起こりにくい。おそらく皆さんの周囲にも、今回の大地震を受けて、日本は怖いから手元資金を海外に移したなどという人は多くはないであろう。

次に、日本が世界第2の経常黒字国であるということ。元々資金の出し手である日本の投資家や企業は、日本にとって悪いことが起こると、リスク許容度の低下から海外投資を控えてしまうため、経常黒字、特に貿易黒字と所得収支の黒字から発生する円買いがより影響力を強めることとなり、円高圧力が高まる。大震災の後、日本の輸出が減少し、逆に輸入が増えるため経常収支が赤字になるのではないかとの論調も見られたが、前述の通り日本が経常赤字になるための道のりは非常に遠い。

最後に日本が世界最大の債権国であるということであるが、海外に多額の資産を抱えている日本人は、今回のような大災害が発生すると、損害を補うために資金を国内に戻したり、あるいは、自らが取っているリスク量を減らすために為替リスク・ヘッジ目的の円買いを行う。因みに、日本人は外貨準備を除いても458兆円の資産を海外に保有している。仮にこのうちの0・5%でも国内に戻ってきたり、ヘッジのための円買いが行われたりすれば2・3兆円の円買いとなる。

海外投機筋のせいにするのはやめるべき

日本では、円高になるとすぐに「海外投機筋による仕掛け的な円買い」をその理由として使う。実際に為替相場で発生していることを考えると、これほどいい加減、かつ無責任な解説はない。おそらく、「海外投機筋による仕掛け的な円買い」と解説する人のなかに、本当に海外投機筋の取引を目の前で見ている人はほとんどいないであろう。

投機筋と呼ばれる人々はプロ中のプロである。したがって、為替市場がどのくらい大きな市場で、操作をするのがどれだけ困難かは、自分たちがよくわかっている。自分たちが円買いを行うことで円相場が動かせると考えているプロはほとんどいないだろう。20年前なら「海外投機筋による仕掛け的な円買い」で相場が動いたこともあったが、今は市場の規模が巨大になってしまっているうえ、海外のヘッジファンドも以前ほど多額の取引を行わなくなってきているのだ（ヘッジファンド自体が細分化されていることもその背景になっている）。

実際、２０１０年の円高局面でも、海外のヘッジファンドが仕掛け的に円を買っているなどとまことしやかに語られることが多かったが、筆者が知る限り、ヘッジファンドの多くはこの時「ギリシャの次は日本が財政破綻に陥って日本国債が売られ、円が売られる」と、円に対して弱気なところがほとんどであった。

ヘッジファンドというと、１９９２年9月にジョージ・ソロス氏が英ポンドを大量に売り、その結果英ポンドが暴落し、ＥＲＭ（欧州為替相場メカニズム）からの離脱を余儀なくされたという話が有名である。筆者は実際にソロス氏がこの時に何をやっていたのか、どのくらいの額の英ポンドを売却していたのか本当のところは知らないが、こうした類のヘッジファンドに絡む話は誤解されている可能性が高いのではないかと考えている。

と言うのも、ソロス氏が英ポンドを売り仕掛け、それで英ポンドの下落が始まったとしても、それは「ソロス氏が売ったから英ポンドが暴落した」のではなく、「大多数の投資家が英ポンドを売却せざるを得ないであろうと読んだソロス氏が先んじて英ポンドを売却し、大多数の投資家は結局思惑通りそれに続いて英ポンドを売却せざるを得なかった」というのが真相であると考えている。つまり、ソロス氏も含め、しっかりした分析を行うヘッジファンドは、自らの取引で市場を動かそうとしているわけではなく、市場が動くと予想したところで先回りしてポジションを作っているのである。１９９２年9月の英ポンド暴落をソロス氏のせいにするのは間違っており、非難されるべきはそうした状況を作り出してしまった英当局だったのではないかということである。ソロス氏が英ポンドを売っていなかったとしても早晩、英ポンドは暴落していたはずなのである。

因みに、時折、長期的な市場の動きを投機筋の動きで説明するような解説を目にすることもある。しかし、前述したように、投機筋はそれほど長くポジションを持つことはない。したがって、中期的に見ればヘッジファンドのような投機筋の相場に対する影響はニュートラルなのである。

ヘッジファンドとはどんな人たち？

日本では、ヘッジファンドというとあまりよいイメージを持たない人も多いかもしれない。前述のように、市場が急速に動くと何でもかんでも「ヘッジファンドによる投機的な動き」とか、「ヘッジファンドによる仕掛け的な売り」と解説されてしまうからである。しかし実際には、少なくとも為替市場は非常に大きな市場であって、1つや2つのヘッジファンドによる売買で大きく動くようなことはほとんどない。

ヘッジファンドのファンド・マネージャーは非常に勉強熱心で、何事にも興味を持って詳細なデータ等まで分析する人が多い。マクロ経済等について詳細な分析を行い、情報収集もしっかり行って、例えば今後対円で米ドルを売らなければならない人が多くなると判断したら、先に米ドル／円の売り持ちポジションを作る。したがって、米ドル／円やクロス円で大きなポジションを作る優秀なファンド・マネージャーは、多くの日本人よりも日本のことをよく知っている。情報収集にも余念がないので、米国のファンド・マネージャーはアジア時間帯でも動きがあると頻繁にメールで質問してくる。

筆者は年に2〜3回、ニューヨーク、ロンドン、シンガポール、シドニー等を訪問して、主にヘッジファンドのファンド・マネージャーに日本の状況や円相場の見通しについて説明する。ヘッジファンドのファンド・マネージャーは老若男女、様々な人がいるが、一般論として、長年成功している、その道では有名なファンド・マネージャーには共通点があるような気がする（もちろん、例外もいるが）。それは、情報に対して貪欲で、どんなことでも知りたいという強い姿勢を持っているが、一方で、性格は少し温和なところがあり、人懐こい感じがする。つまり、月並みな表現だが、「勉強熱心で、いい人」が多いのである。

筆者は、こうした性格は必要な情報をいち早く、かつ幅広く収集するという作業において重要な側面ではないかと思っている。もし情報収集に貪欲だが、性格が悪く、とっつきにくい人だった場合、周囲も下手に関わりたくないから、あまり情報を流さなくなってしまうであろう。よかれと思って伝えた情報が間違っていたりしたら、何を言われるかわからないからである。一方で、情報収集に貪欲ながらも、とっつきやすい人だったら、その人のためにできるだけ早く役に立つ情報を提供しようと思うであろう。

投機的な取引を規制することの意味

為替に限らず市場が大きく動くと、それをヘッジファンド等の投機的な取引のせいにして、こうした投機的な取引を規制しようという意見が勢いを増してくる。しかし、前述したように、特に為替市場は非常に巨大な市場であり、一部のヘッジファンドの投機的な取引で動くようなものではない。むしろ、急激かつ大きな市場の動きは、実体経済に歪みが生じていて、それが調整されていく過程での動きなのである。情報収集に余念のない優秀なファンド・マネージャーは、その歪みにいち早く気づき、調整が始まるか始まらないかのところで取引を開始するため、投機的な取引が調整の動きと同時に行われていることもある。しかし、繰り返すが、為替市場のような大きな市場では投機的な取引だけで相場が一方向に一定期間大きく動くことはない。こうした場合、当局は歪みをいち早く見つけて動いているヘッジファンドを非難するのではなく、歪みを生じさせてしまっている原因を真摯に分析すべきであろう。

それでも投機的な取引を規制した場合、市場はどうなるであろうか。投機的な取引を規制したら市場が安定するのであろうか。筆者は全く逆だと考えている。

市場は、様々なタイプの様々な考えや事情を持った参加者が、できるだけ多く取引に参加することによって、より安定する。米ドル／円相場がジリジリと下落していて、市場参加者のほとんどがまだまだ円高・ドル安方向に下落するであろうと考えている時に、相場観とは関係なく、米国の会社を買収するために米ドルを買わなければならない会社は、市場参加者がどんなに米ドルに弱気になっていても、そんなことはお構いなしに米ドルを購入する。世の中には、皆が言っているのと反対のことをやりたがる人も多いので、市場参加者皆が米ドルに弱気なのを見て、あえてそれを購入するヘッジファンドのファンド・マネージャーもいるかもしれない。市場は参加者のタイプや考え方、事情が多様であれば多様であるほど安定するのである。

極端なことを言えば、例えば米ドル／円市場から投機的な取引を一切排除したとしたら、米ドル安・円高方向に下げ続けてしまうかもしれない。日本は貿易黒字国であるから、ネットで見れば輸出企業による米ドル売り・円買いが支配的になる（後述するが、こうした構造は実は変化している。しかしここでは話をわかりやすくするため、これまで通りの構造が維持されていると仮定する）。米ドル／円市場から投機的な取引がなくなったら、日本の生保や年金といった投資家は、需給が歪んでしまっている事実がわかっているので、なかなか米ドルを買おうとしない。そうなると、誰も買わない米ドルはそのままずるずると下落を続けてしまう。さらに言えば、機関投資家による米ドル購入と、ヘッジファンドによる米ドル購入を、投機的か投機的でないかと分けるのも困難だ。こうしたところに妙な政策判断で無理やり区別をつけたりするから、実体経済が歪み始めるのである。マーケットに関して中途半端な知識しかない当局者が中途半端な規制を導入するのは、事態を悪化させるだけである。

もちろん、違法行為や巨額なレバレッジをかけた危険な取引が行われないように監視する必要はある。しかし、本当に市場の安定を求めているのであれば、できるだけ多くの市場参加者に門戸を開くべきなのだ。こうした意味で、日本で個人の証拠金取引が活発化してきたのは、長い目で見れば相場の安定に寄与していると考えられる。

第 5 章

強い雇用統計で売られるドル

——短期的な為替相場変動の要因

短期的な動きをマクロ経済で説明するのは困難

短期的な為替相場の変動は、個々の市場参加者の個別事情を背景とした取引によるところが大きいため、予想は困難である。1日の小さな動きを一般的なマクロ経済的理由で説明するのは無理がある。為替市場は様々な理由で、様々な主体が取引を行っている市場である。皆が経済指標や金利の動きを見て取引をしているわけではないのだ。

例えば、日本の企業が米国企業に対する出資のために比較的多額の米ドルを購入したことで、米ドル／円相場が50銭程度上昇することがある。こうした動きが時折、「昨夜発表された米経済指標の強さが、改めて米国の利上げ期待を高め、米ドルが上昇」などと解説されることがある。メディアも含め、為替相場の動きを解説する必要のある人の多くは、すべてをマクロ経済的な理由で説明しなければならないと思っているように感じる。さらに興味深いのは、こうした人の多くが、実は気がつかないうちに、同じ主体の取引の片一方だけをマクロ経済に基づいた動きとして認め、もう一方の動きをマクロ経済に基づいていないとして認めないのである。

米ドル／円相場の50銭程度の動きを、マクロ経済の要因で説明することを好む人のなかには、「ポジション調整で相場が動いた」という解説を受け入れない人が多い。「ポジション調整」などという理由はマクロ経済の動きではないから、それでは相場が動いた理由にはならない、というわけである。その一方で、「米国の利上げが近いとの思惑から」とか、「金利差拡大見通しから」「日本の財務省が介入で支えるとの期待から」米ドル／円が上昇した、という解説は喜んで受け入れるのである。

しかし、実は「ポジション調整」も、「利上げが近いとの思惑」による取引も、すべて同じような主体の一連の取引を解説しているだけなのである。「米国の利上げが近いとの思惑」で米ドルを買うのは誰だろうか？「日本の財務省が介入で支えるとの期待から」米ドルを買うのは誰だろうか？ 答えは投機筋である。そう言うと、「いやいや、機関投資家だってそうした思惑で米ドルを買う」などという反論が聞こえてきそうだが、こうした思惑で米ドルを買うのは、その主体がヘッジファンドでも機関投資家でも誰であれ、その行為は「投機」である。そして、こうした思惑や期待で米ドルを買った人たちは、思惑通りに米ドル／円相場が上昇した時、利益を得るために何をするか。米ドル／円を売却して利益を得るのである。思惑で米ドルを買った人は必ず利食いか損切りのために米ドルを売る。

こうした利益確定の動きで米ドル／円相場が下落した時、市場では「ポジション調整による米ドル／円の売りにより下落」と言うのである。つまり、マクロ経済に対する思惑に基づいて、投機的な取引を行った人々が、利益を確定したり、損失を最小限に抑えるために取る行動が「ポジション調整」なのだ。一連の取引の片一方だけしか理由として受け入れないのでは、相場の流れを理解するのは困難である。

経済のファンダメンタルズに沿った動きとは？

為替相場の動き、特に円高方向の動きに対しては、「ファンダメンタルズに沿った動きではない」などといった言葉も頻繁に聞かれる。政治家なども、一般的なマクロ経済でうまく説明がつかないと「経済のファンダメンタルに沿っていない」などと発言しているのをよく耳にする。しかし、仮にマクロ経済で説明がつかない動きがあったとしても、それが「ファンダメンタルズ」に沿っていない動きとは言えないのである。

予め結論から言うと、市場の動きはすべてがファンダメンタルズに沿った動きなのである。為替市場は非常に大きく、操作をすることが困難であるため、ヘッジファンド等が仕掛けて相場を動かすのは困難であると説明した。しかし、仮にそれが可能だったとしても、それで相場が動くなら、それがファンダメンタルズなのである。

つまり、市場における「ファンダメンタルズ」は、経済成長率が高いとか、金利が低いといった「マクロ経済」の変数と同義ではない。例えば、日本の輸出企業が毎日のように輸出で稼いだ米ドルを売却して円を買っていること。これが市場で言う「ファンダメンタルズ」である。つまり、そのほかに何も起きないのであれば米ドル／円相場は下落する。これが米ドル／円相場のファンダメンタルズなのである。そこに、ある日本の輸出企業が海外の企業を買収することになり、いつもは売っているドルを大量に購入することになったとする。その結果、米ドル／円相場は上昇するかもしれない。これも米ドル／円相場の「ファンダメンタルズ」なのである。

つまり、為替市場には、金利が上昇するとか経済成長率が拡大するとかといったことなど無関係に取引をしなければならない主体が数多く存在する。そして、そうした取引によって相場は短期的に上下動を繰り返す。これらはすべて市場のファンダメンタルズに沿った動きなのである。

日本の個人投資家は豪州中銀の利上げを受け、金利差が拡大したことに注目して豪ドルを買うかもしれないが、そうした動きを先取りして大量の豪ドルを買い持ちにしていた海外のヘッジファンドは、利上げを機に上昇した豪ドルを売り戻して利益を得ようとするかもしれない。日本の個人投資家の豪ドル買いよりヘッジファンドによる豪ドルの売り戻しの額が多ければ、豪ドルは利上げを受けて売られるかもしれない。しかし、これもファンダメンタルズに沿った動きなのである。海外のヘッジファンドは、日本、米国、英国等の様々な経済指標をモデルに投入し、そのモデルから出た答えで結果的にユーロを買うかもしれない。これもファンダメンタルズである。基本的には市場で発生している取引はすべてファンダメンタルズに基づいた動きであるが、それを一括りにして簡単に言い表せるほど世界経済は単純ではないのである。

チャート分析もファンダメンタルズ分析

短期的な為替相場の変動を困難ながらも予想するには、短期の投機筋のポジションの傾きを予想することや、チャート分析が有用である。因みに、チャート分析も経済のファンダメンタルズに基づいた分析である。マクロ経済やファンダメンタルズに基づいて相場を分析していると自任している人のなかには、チャート分析を軽視する人もいる。しかし、筆者はチャート分析を軽視することは、金利の動きを見ないで為替相場を分析するのと同じくらい重要な要素を無視することだと考えている。

基本的に、トレーダーや短期の投機筋はチャートに基づいた取引を行う。前述した通り、為替相場はすべてファンダメンタルズに沿って取引が行われている。しかし、そのファンダメンタルズをすべて把握するのは事実上困難である。また、短期的な動きをマクロ経済的な変数で説明するのは難しい。そうしたなかで短期的な売買を繰り返す必要のある人々は、チャート分析に基づいて取引を行うのである。

この事実は、為替相場を分析するうえで非常に重要なポイントである。つまり、例えば米ドル／円相場が下落トレンドにあって、それが短期の投機筋主導の時には、チャート分析上の重要ポイントで下落は止まるはずだ。なぜなら、下落トレンドを主導している投機筋は米ドルを売り持ちにしているわけなので、チャート分析上の重要なサポートラインが近づいたら、利益を確定するためにドルを買い戻す可能性が高いからである。しかし、こうしたチャート分析上の重要ポイントを簡単に下抜けて米ドルが下落してしまった場合、これは短期の投機筋主導のドル売りではなく、何らかの理由でドルを売らなければならない主体によるドル売りが背景となっている可能性が高いと考えられる。

それは、いくら我々のようなストラテジストや、チャート分析を得意とするチャーティストが、このレベルはチャート上の重要ポイントだからドルの下落はこのレベルで止まる可能性が高いと言っても、何らかの理由でその日に米ドルを売らなければならない主体は、そんなことはお構いなしにドルを売ることになるからだ。こうした先が多ければ、結果的に米ドルはチャート分析上の重要なサポートラインをあっさり下抜けてしまうのである。こうした動きが出てきた時は、短期的な動きのなかにも中長期的なマクロ経済的要因が相場を動かしていることが垣間見える。そして、こうした動きは暫く続く可能性が高いのである。

つまり、チャート分析はそれを主に使っている短期筋が主導で相場を動かしているのか、あるいはもっと大きくかつ中長期的な流れなのかを判断するのに非常に有益な情報を提供してくれるのである。

なぜ強い米雇用統計で米ドルが売られるのか？

ほぼ毎月、最初の金曜日に発表される米国の雇用統計は、為替市場参加者にとっては非常に重要なイベントである。実際にこの指標で為替相場が大きく動くことは多いし、後から振り返ってみると、ある時の米国雇用統計が米ドルの中長期的な転換点となっていたなどという例も多い。したがって、為替市場参加者は米国の雇用統計に注目する。

雇用統計で最も注目されるのは、非農業部門雇用者数の増減である。しかし、時々、非農業部門雇用者数の増加幅が事前予想を上回ったにもかかわらず、米ドルの上昇は一時的なものとなり、結果的に米ドルが反落してしまうこともある。そして、最終的には雇用統計が発表される前よりもはるかに低い水準まで下落してしまうケースもあったりする。

こうした時に、「市場は、予想を上回った非農業部門雇用者数の増加ではなく、予想より弱かった時間当たり賃金の伸びに注目して米ドルを売った」などと解説されることがある。しかしどう考えても、そうした現象があり得るとは思えない。既に述べたように、為替市場は世界中の多種多様な参加者が非常に多く参加している。米国の雇用統計が発表されてから数分のうちに、「今日の数字は非農業部門雇用者数よりも時間当たり賃金のほうが重要だから、そっちを見て米ドルを売りましょう」などというコンセンサスが出来上がり、皆が米ドルを売るなどという現象が起きるはずがないのだ。それにもかかわらず、「予想よりも弱かった時間当たり賃金の伸びに注目が集まり……」などと解説されてしまうから、「やっぱり為替相場はわからない」ということになってしまう。

非農業部門雇用者数の増加幅が予想していた数字よりも多かったにもかかわらず米ドルが下落するのは、それは先にポジションができているか、あるいは指標発表前の段階で米ドルを買いたい人よりも売りたい人のほうが圧倒的に多かったことを示唆しているのである。こうした時に「予想よりも弱かった時間当たり賃金の伸びに注目が集まり……」などと解説してしまう人は、為替市場に参加している主体はすべて投機筋であると考えているのではないだろうか。しかし、実際には様々な市場参加者が様々な理由で毎日のように為替取引を行っているのである。

こんな例を考えてみよう。ある日本の輸出企業は米ドル／円をどちらにしても本日売却する必要がある。ただし、今日は米国の雇用統計が発表される日であり、この企業は、本日の米雇用統計に関する市場の予想は比較的強めなので、もしかすると雇用統計発表後米ドルが上昇するかもしれないと考えているとしよう。そして、この企業は、米雇用統計が発表されて米ドルが上昇したところを捉えて米ドルを売却しようと考えている。

因みに、同じ時、米国の投資家が日本株を購入するために米ドルを売って日本円を購入しようと考えていたとする。この米国の投資家も同じように米雇用統計が発表された後に米ドルが上昇したところで、これを売却して円を買おうと考えている。しかし一方で、何らかの理由で米ドルを本日中に買わなければならない先（企業や投資家）は、本日発表される米雇用統計が比較的強い内容になると予想されていることから、米ドルが上昇してしまってからでは遅いと考え、米雇用統計発表前に米ドルを購入してしまうであろう。

さて、こうした状況で、予想を上回る非農業部門雇用者数が発表されたとしよう。まず、超短期で取引を行う銀行のトレーダーや短期売買を得意とするヘッジファンドはすぐに反応して米ドルを購入するので、一瞬、米ドル／円相場は上昇する。

しかし、その後米ドル買いは続かない。これは仕方がないことである。米ドルを買わなければならなかった人たちは、前述の通り予想を上回る米雇用統計が出て米ドルが上昇してしまってからでは遅いと考え、既に買ってしまっているのである。一方、市場には米ドルが上昇したところで売却したいと考えていた人たちが待ち構えている。彼らは予想を上回る非農業部門雇用者数が発表され、「しめた！」と一瞬思うが、それにもかかわらず米ドル／円相場の上昇圧力が鈍いのを見て、すぐに米ドル売りを開始する。この結果、米ドル／円相場は下落するのである。

つまり、もともと米ドルを売却したいと考えている市場参加者が多い状況では、非農業部門雇用者数が予想を上回っても、米ドルは売られてしまうのである。米ドルが売られるのは、決して「予想を下回った時間当たり賃金の伸びに注目が集まった」からではない。ある意味、米雇用統計が発表される前から、米ドル／円相場がどちらに動くかは決まっていたのだ。こうした動きは、市場での米ドル売り圧力が非常に強いことを意味している。したがって、経済指標発表後の為替相場の動き方からも、マクロ経済的に見て為替の需給がどちらに傾いているかの貴重な情報が得られることもあるのである。

必要なのは「相場観」ではなく「情報」

これとやや似た話で「相場観」というものがある。よく為替部門に配属されたばかりの人が、「いろいろな人の相場観を聞いて勉強するようにと言われました」と言うことがある。実は、筆者はいろいろな人の相場観を聞くことは、少なくとも為替相場についてあまり知らない人にとってはほとんど意味がないと思っている。これまでも説明してきた通り、為替相場の動きは国境を越えた資本の動きによって決まる。さらに、かなり多くの人が為替相場がなぜ動くのかをきちんと理解せずに解説を行っている場合が多い。こうした状況でいたずらに多くの人に「相場観」を聞いても混乱するだけだからである。

筆者は相場の予想を行っていくうえで話を聞く相手を限定している。と言っても、少数に限定しているというのではなく、有益な情報を提供してくれる人に限定しているという意味である。必要なのは「相場観」ではなく「情報」なのである。やたらと市場関係者に「相場観」を聞く必要はない。単に混乱してしまい、せっかくの有益な情報をいたずらに薄めてしまうだけである。

一番話を聞きたい相手は顧客である。これはある意味当たり前のことなのだが、顧客は為替市場の非常に重要なプレーヤー。しかも、我々のような銀行のディーリング・ルームに座っている者同士であれば、何となく考えていることは同じようなものになりやすいし、情報も偏ってしまいがちだが、事業法人、機関投資家、ヘッジファンドのような顧客は、それぞれの個別事情、あるいは業界特有の事情で取引を行ったりする。そうした特殊事情は我々にはわからなかったりする。こうした情報を得られるのは顧客との対話からだけである。

筆者が国内・海外を問わず顧客訪問を積極的に行う理由の1つは、顧客と対話することによって、顧客が実際に何を考えているのかがわかり、銀行のディーリング・ルームに座っていてはわからない実体経済の動向を知ることができる場合があるからである。顧客が明示的に話をしてくれなかったとしても、筆者が顧客に自分の予想を説明している時の反応や表情から読み取れるものもある。

この項の冒頭で筆者は、様々な人の相場観を聞くことは「少なくとも為替相場のことをあまり知らない人にとっては」ほとんど意味がないと指摘した。さらに、この話は先ほどの「なぜ強い米雇用統計で米ドルが売られるのか」という話と似ているとも言及した。それはなぜか。

実は、ある程度為替市場での経験が長くなってきたら、（時間があればだが）様々な人の「相場観」を聞くことはあながち無駄にはならない。ただし、結論は逆に捉えるべきものだと考えている。つまり、ほとんどの人の「相場観」が「米ドル上昇」であるなら、おそらく米ドルは下落する。逆にほとんどの人の「相場観」が「米ドル下落」であるなら、おそらく米ドルは上昇する。なぜだろうか。

ほとんどの人が「相場観」として「米ドル上昇」と考えている状況下では、米ドルを買わなければならない人は既に皆買ってしまっている可能性が高い。ついでに言えば、短期的な投機的ポジションも大きく米ドルの買い持ちに傾いているはずである。一方、多くの人が「米ドル上昇」と考えているわけであるから、米ドルを売らなければならない人（例えば日本の輸出企業）は米ドルが上昇するのを待って、米ドル売りを手控えてしまっている。こういう状態では米ドルが一段と上昇するのは難しいし、逆に下落する可能性のほうが高い。つまり、多くの人の「相場観」を聞いてそれが一方向に偏っていたら、実際の相場は逆に動く可能性のほうが高いのである。

日経平均株価と米ドル／円相場――ニワトリと卵の関係？

これまで触れてきたように、円という通貨は日本の景気がよくなり国内投資家や企業が積極的に対外投資を行うようになると弱くなる傾向がある。つまり、為替相場に対する先入観によくある「景気好転＝当該国通貨高」という図式とは全く逆に、「日本の景気がよくなるから円安」になる。したがって、日経平均株価と米ドル／円相場にも一定の相関関係がある。

ここでもまた注意が必要である。直観的には日本の景気がよくなって日本の株価が上昇するのだから「円高」と思いがちだが、実際の相関関係は「日経平均株価上昇＝円安」である（図表14）。この関係については、3つの注目すべきポイントがある。

1つは、日経平均株価が先か米ドル／円相場が先かという論点である。為替市場参加者は日経

図表14　米ドル／円相場と日経平均株価

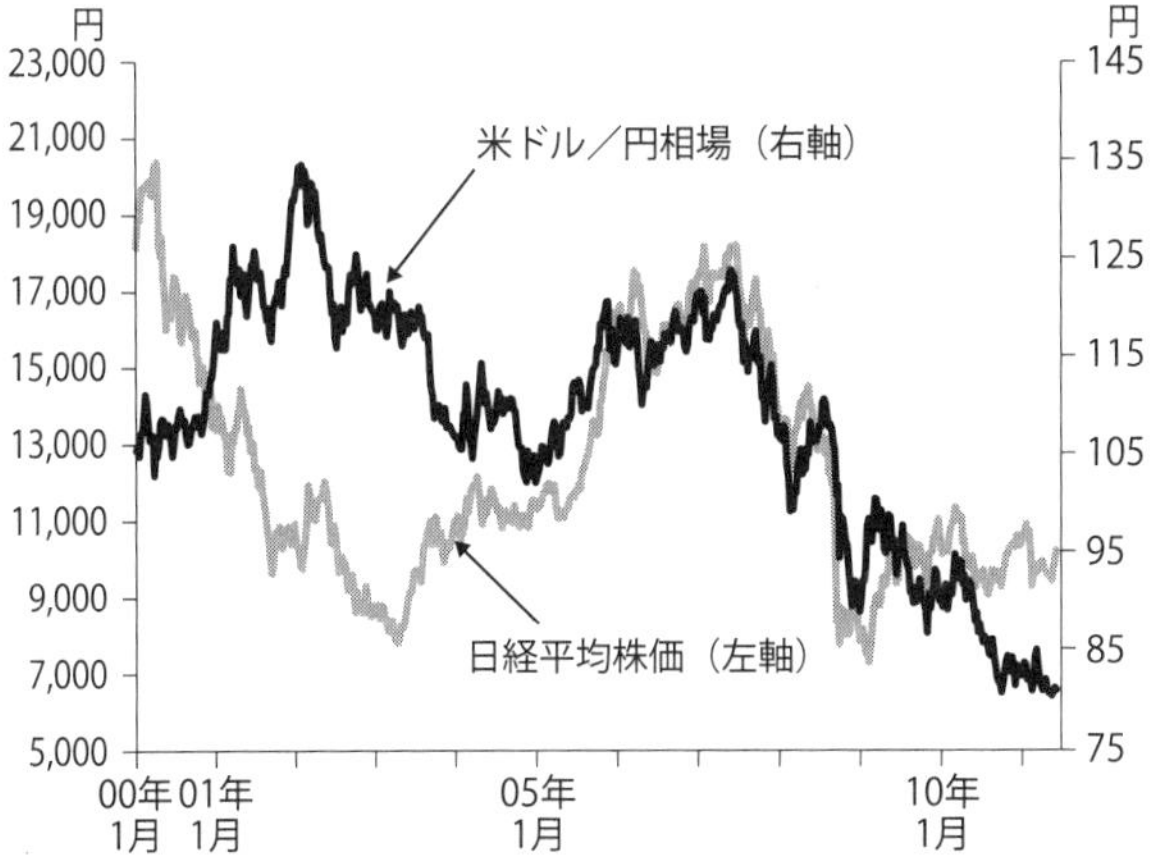

（出所）J.P.モルガン

平均株価が上昇すると、「投資家のリスクテイク志向が強まり、円安になった」と解説する。一方、株式市場参加者は「円安になったので、輸出企業の収益改善が期待され株価が上昇した」と解説する。これはまさしくニワトリと卵の関係のように見える。

実際のところ、短期的な動きに関してはどちらが先とは言えないであろう。つまり、為替市場で短期的な取引を行う参加者は、日経平均株価が上昇したのを見て米ドル／円を買う（つまり、米ドル買い・円売り）であろうし、株式市場参加者は米ドル／円相場が上昇するのを見て、日本の輸出企業の収益改善を期待して日本の輸出企業株を購入するであろう。ただし、もう少し大きな視点で捉えると、この関係はある

図表15　豪ドル／円相場とS&P500株価指数

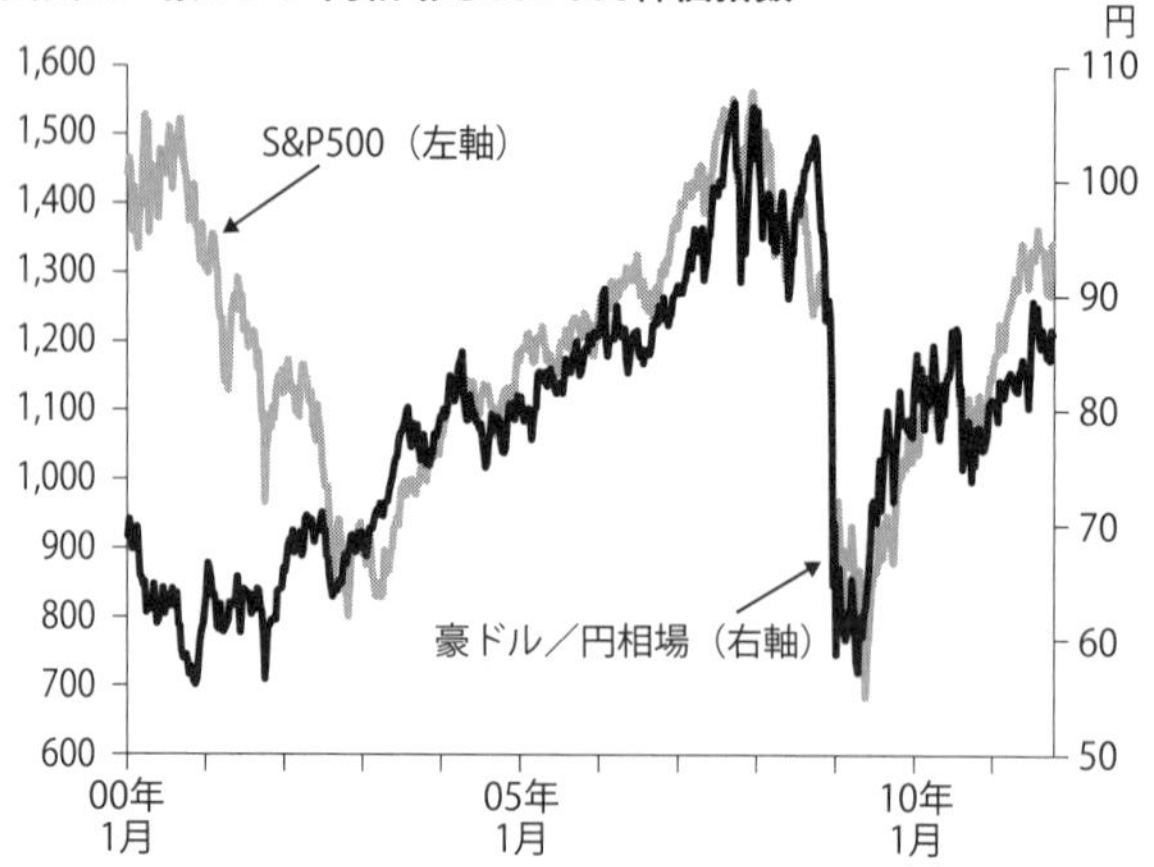

（出所）J.P.モルガン

程度どちらが先であると言うことができるのではないかと考えている。

結論から言えば、株価のほうが先である。つまり、株価が上昇したのを受けて米ドル／円相場が上昇する。ここであえて「株価」と書いて、「日経平均株価」と書かなかったのには理由がある。つまり、通常の場合、米ドル／円相場は欧米市場の株価に反応して日本時間の朝を迎えることが多いからである。前述した通り、株価が上昇すると投資家のリスクテイク志向が強まる結果円安となる。したがって、欧米市場で株価が上昇すると円安となり、米ドル／円相場は欧米時間中に上昇するのである。

こうした動きのまま日本時間の朝を迎え、日経平均株価が上昇するというパターンがよく見られる。日本の株式市場参加者にとってみれば、「欧米時間帯に円安になったから日経平均株価が上昇した」と見えるわけだが、実際には「円相場は欧米の株価に反応して円安になった」のである。したがって、例えば豪ドル／円相場と米国の代表的な株価指数S&P500の相関は比較的強い。これは（米ドル／円相場ではなく）円相場（全体）が欧米の株価指数に対して反応していることを示唆していると言える（図表15）。

米ドル主導の米ドル／円相場下落は日経平均株価に影響しない

前述した通り、株価と米ドル／円相場の関係は、「世界的に株価が上昇するような環境下で、投資家のリスクテイク志向が強まり、円安になる」ことにより発生する。しかし、長期的に見れば、円相場の動向が日本の企業収益に影響を与え、結果的に日本の株価に影響を与えていることは否定できない。日本のように輸出主導の経済では、為替相場が輸出企業の収益に大きな影響を与えるからである。

しかし、これまで説明してきたことからもわかるように、「米ドル／円相場」は「円相場」とイコールではない。米ドル／円相場はいつも円の要因で動くとは限らず、米ドルの要因で動くことも多い。つまり、「円相場（円実効レート）」自体は大きく変動していなくても、米ドル実効

図表16　2011年前半の米ドル／円相場と日経平均株価

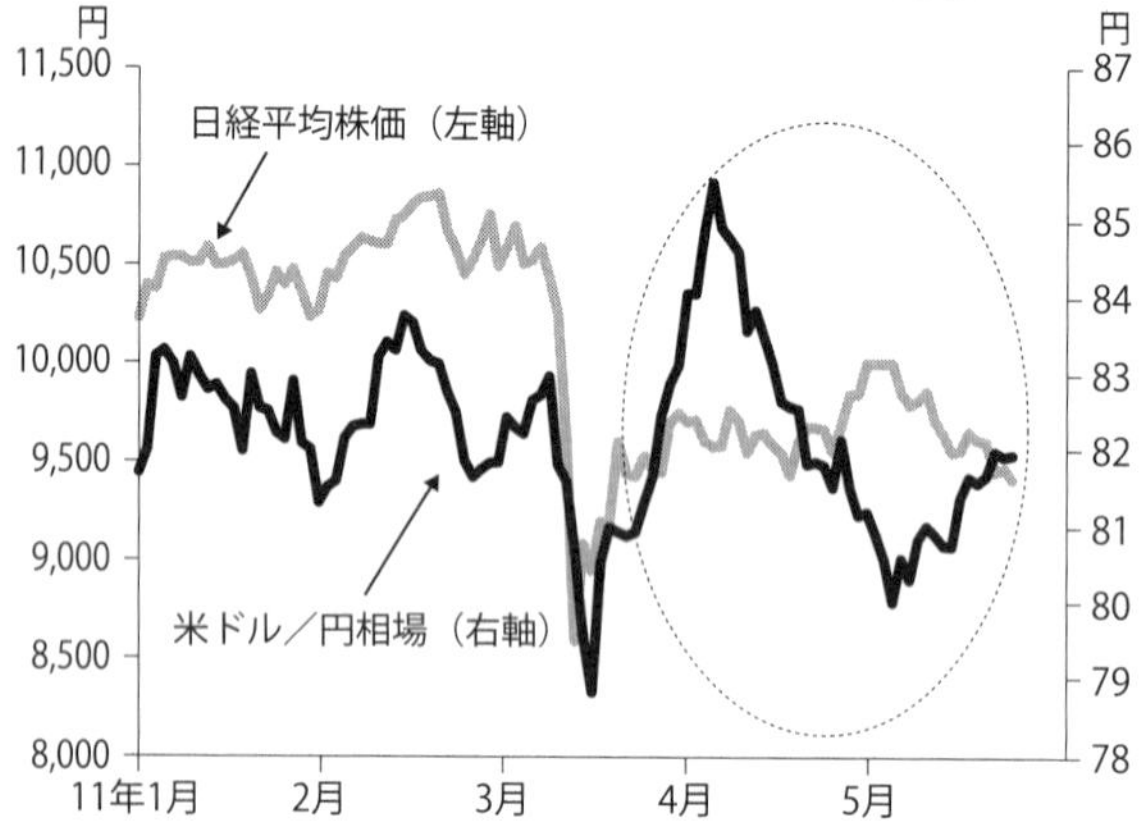

（出所）J.P.モルガン

レートが大きく下落すれば、米ドル／円相場は下落してしまうのである。

例えば2011年4月上旬から5月上旬にかけて米ドル／円相場は85円台から79円台まで、1か月の間に7％程度下落したが、日経平均株価はこの間3％程度上昇している。また、その後、5月後半にかけて米ドル／円相場は緩やかに反発しているにもかかわらず、日経平均は緩やかに下落している（図表16）。つまり、米ドル／円相場と日経平均株価の通常の相関が崩れているのである。

これは、この間の米ドル／円相場の動きが、米ドル全体の下落に主導されたものであったためと考えられる（図表17）。つまり、日経平均株価に影響を与えているのは、「米ドル／円相

図表17　2011年前半の米ドル／円相場と米ドル実効レート

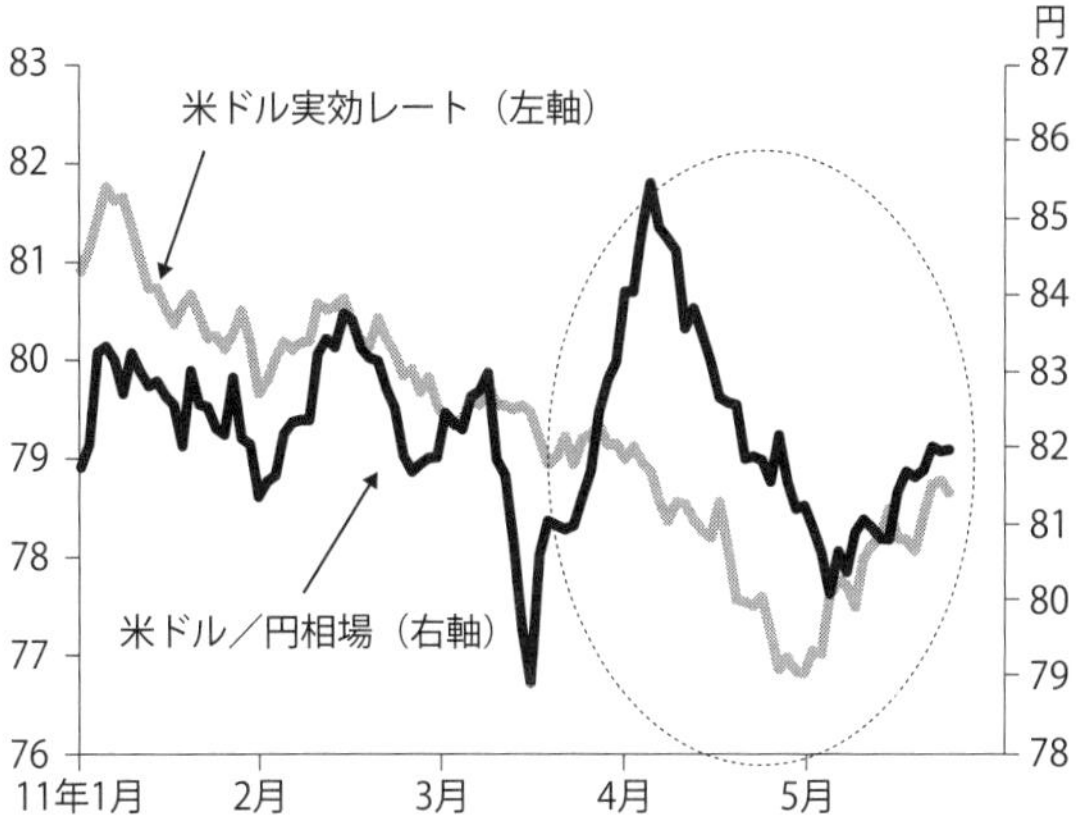

（出所）J.P.モルガン

場」ではなく、「円相場」、つまり円の実効レートの動きなのである。だから、米ドル主導で米ドル／円相場が下落している時に、日経平均株価は反応しないと考えられる。

図表18は、米ドル／円相場と米ドル実効レートの相関関係と、米ドル／円相場と日経平均株価の相関関係を比較したものである。米ドル／円相場と米ドル実効レートの相関が比較的高い時期、つまり米ドル／円相場が米ドル主導で動いていると考えられる時期は、米ドル／円相場と日経平均株価の相関が弱くなっている。逆に米ドル／円相場と米ドル実効レートの相関が比較的低い時期、つまり米ドル／円相場が円主導で動いていると考えられる時期は、米ドル／円相場と日経平均の相関が高くなっている。

図表18　相関が示す米ドル／円相場と日経平均株価の関係

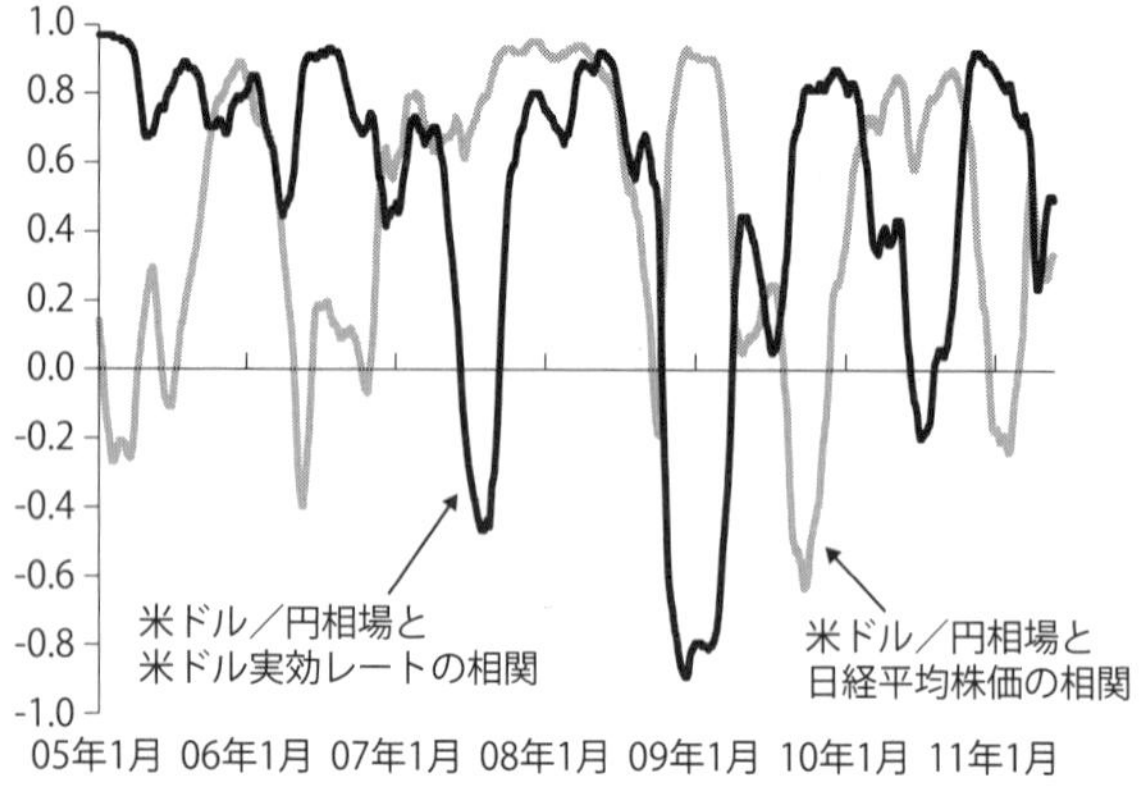

（出所）J.P.モルガン

米ドル／円相場が米ドル主導で動いているのか円主導で動いているのかを見極めるのは、さほど難しいことではない。クロス円の動きを見ればよいのである。第1章でクロス円の動きを理解することが重要だと述べたが、こうしたところでもクロス円の動きが理解できるかどうかが重要になってくるのである。米ドル／円相場が下落（米ドル安・円高）している時に、ユーロ／円相場や豪ドル／円相場といったクロス円相場も一緒に、同程度かそれ以上下落（ユーロ安、豪ドル安・円高）している時は、米ドル／円相場が円主導で動いていると言えるので、日経平均株価に対しても悪影響を与えているはずである。逆に、米ドル／円相場が下落していても、クロス円相場がほとんど反応していない時は、米ドル主導の米ドル／円相場の下落であるので日経平均株価への影響は限定的となっているはずである（この時、ユーロ／米ドル相場、豪ドル／米ドル相場は米ドル安の方向に動いている）。これがまさしく2011年4月上旬から5月上旬まで見られた現象なのである。

日経平均株価と米ドル／円相場の相関は2005年以降強まる

日経平均株価と米ドル／円相場の相関については、長期的に安定しているわけではない。前出の図表14からもわかる通り、相関は2005年以降強まっており、むしろそれ以前はほとんど相関がないように見える。1990年代を見ても、前半は緩やかな相関が見て取れるが、後半はほとんど相関がない。2005年以降に日経平均と米ドル／円相場の相関が強まっているのには2つ理由があるのではないかと考えられる。

1つは、これまで議論してきたように米ドル／円の動きが円主導なのか、米ドル主導なのかという点が関係している可能性がある。つまり、2005年以降は米ドル／円相場を動かす要素のなかで円が主導するケースが多くなってきている可能性が考えられる。日本の個人投資家が証拠金取引や外貨建て投信などを通じて為替市場に大きな影響を与えるようになったのも、この頃である。前述の通り、米ドル／円相場と日経平均株価の相関が強まるのは、米ドル／円相場が円主

図表19　2000年～2004年までの米ドル／円相場と円実効レートの相関関係

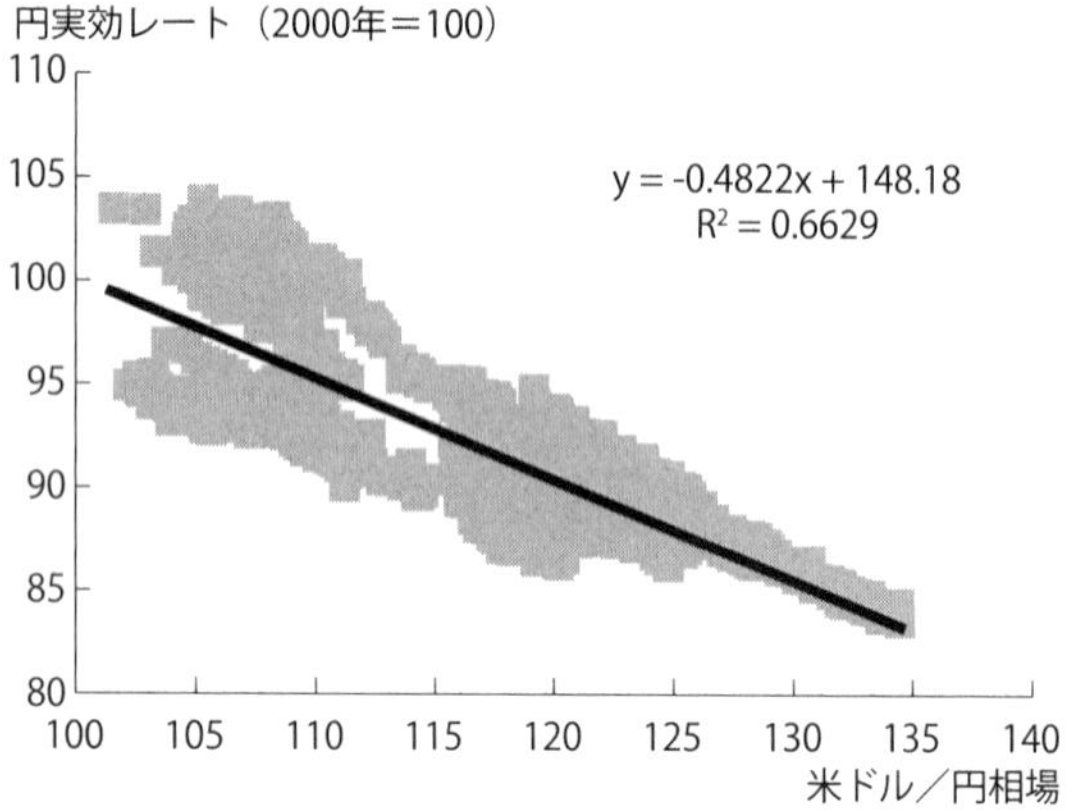

（出所）J.P.モルガン

導で動いている時である。つまり、05年以降日経平均株価と米ドル／円相場の相関が強くなってきているのは、米ドル／円相場が以前に比べて円主導で動くことが多くなってきている事実に原因があるとも言える。

実際、2000年～04年までの5年間と、05年以降の米ドル／円相場と円実効レートの相関を比較すると、後者のほうが相関が高くなっている（図表19、20）。

2つには、日本の株式市場における外国人投資家の動きである。東京証券取引所第1部の投資部門別株式売買状況を見ると、2003～05年頃は外国人の売買シェアは40～50％程度であったが、その後増加傾向にあり、10年は64％となっている。ただし、外国人の日本株売買

図表20　2005年以降の米ドル／円相場と円実効レートの相関関係

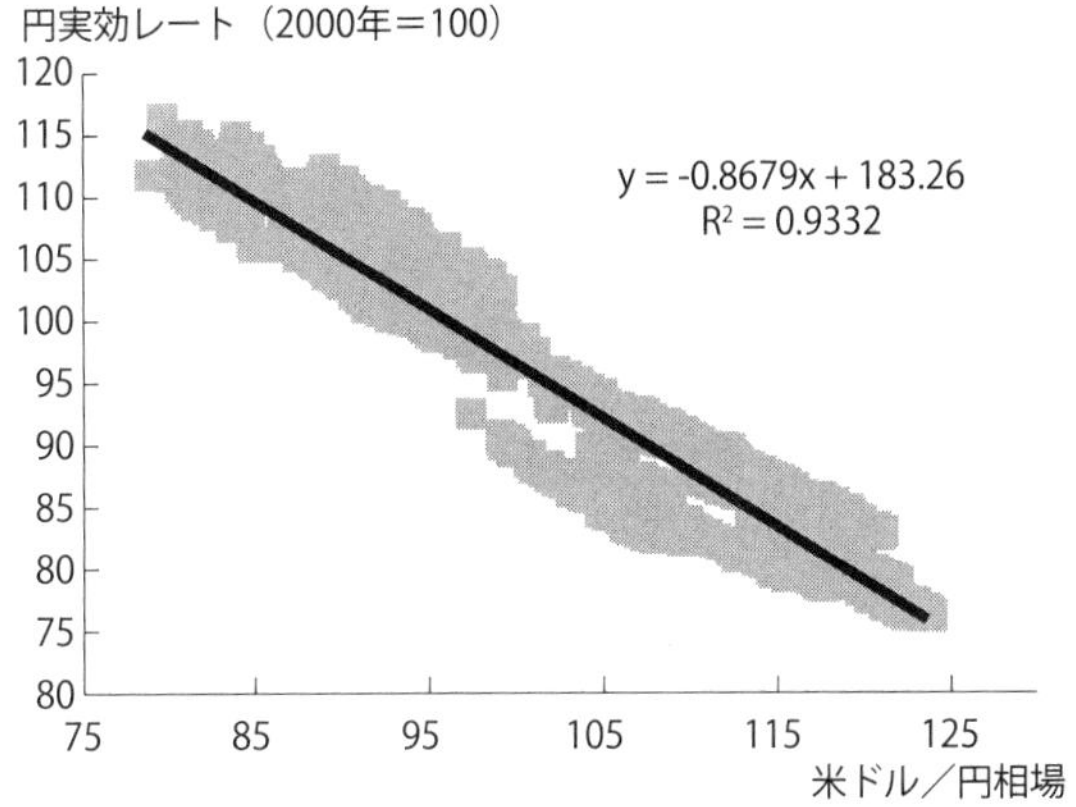

（出所）J.P.モルガン

シェアの増加が具体的にどのように米ドル／円相場に影響するかという点については明確な理由がわからない。それでも、次の2点が多少なりとも影響していると考えることはできる。

①円安になると外国人投資家にとって日本株が割安となる一方で、輸出企業の利益増加が期待できる。したがって、為替相場が円安に動くと外国人が日本株を購入するため日本株が上昇する。

②外国人投資家が日本株を保有する際、為替リスクをヘッジして保有しているケースも多いと考えられる。この場合、保有する日本株の株価が上昇すると、為替相場の変動から発生する損益のブレを避けるために、外国人投資家は先物で円を売り増す必要が

出てくる。したがって、日本株が上昇すると円売り圧力が強まることになる。

日本の祝日に米ドル／円相場が下落しやすい理由

第2章でも説明したように、日本が祝日の時にもシンガポールやシドニーの銀行が通常通りの営業を行っているので、アジア時間帯も為替市場は動いている。日本が祝日で日本の為替市場参加者が休みの時、米ドル／円相場は米ドル安・円高方向に下落する傾向が強い。例えばゴールデン・ウィーク期間中は、過去10回中7回、米ドル／円相場は下落している。お盆の期間も過去10回中7回、米ドル／円相場は下落している。

日本が祝日の時に米ドル／円相場が下落しやすい理由は、これまで説明してきた円相場が動く要因を考えるとわかりやすい。第4章で、日本は世界第2位の経常黒字国であり、日本の輸出企業は通常輸出で稼いだ外貨を売却して円を買わなければならないため、自然と円買い圧力がかかる一方、円安になるためには日本の投資家が何らかの取引動機をもって対外証券投資を行う必要があると解説した。つまり、円には買う理由など必要なく、必要なのは売られる理由であるということ。

輸出企業は通常、日本が祝日の時でも「リーブ・オーダー」というものを銀行に預ける。これは、ある一定の水準まで米ドル／円相場が上昇したら、そのレベルで米ドル売り・円買いを実行して欲しいとの意思表示である。Ｊ・Ｐ・モルガン・チェース銀行のように日本の祝日も営業を行っている銀行では東京でこのオーダーが執行され、日本の祝日に東京支店が営業していない銀行はシンガポールやシドニーの支店がこのリーブ・オーダーを管理する。輸出企業は恒常的に外貨を売却して円を購入する必要があるため、どんな時でも有利なレベルがきたら外貨を売却して円を購入しようとしているのである。

一方、円売りの主役である国内投資家は、円を「売る必要」はない。ただ、外貨建債券や株式等の資産に投資をするほうが有利だと思えば、「投資をしてもよい」と考えているのである。換言すれば、機会があれば円を「売ってもよい」と考えている人たちなのである。こうしたスタンスでいる投資家は、日本が祝日の時にわざわざリーブ・オーダーをおいて米ドルを購入することはあまりしないであろう。こうした円買いと円売りの主役のスタンスの差が、日本が祝日の時の米ドル／円相場の需給に現れてしまうものと考えられる。つまり、円買いのほうは円を購入する「必要がある」輸出企業であるのに対し、円売りのほうは円を「売ってもよい」と考えている国内投資家である。円を買う側と円を売る側にこうしたスタンスの違いが存在するため、日本が祝日の時には円買いのほうが若干多くなりがちとなると考えられ、この結果、米ドル／円相場は下落しやすいのである。

第 6 章

米ドルは最弱通貨

図表21　各国の経常収支額　(2010年)

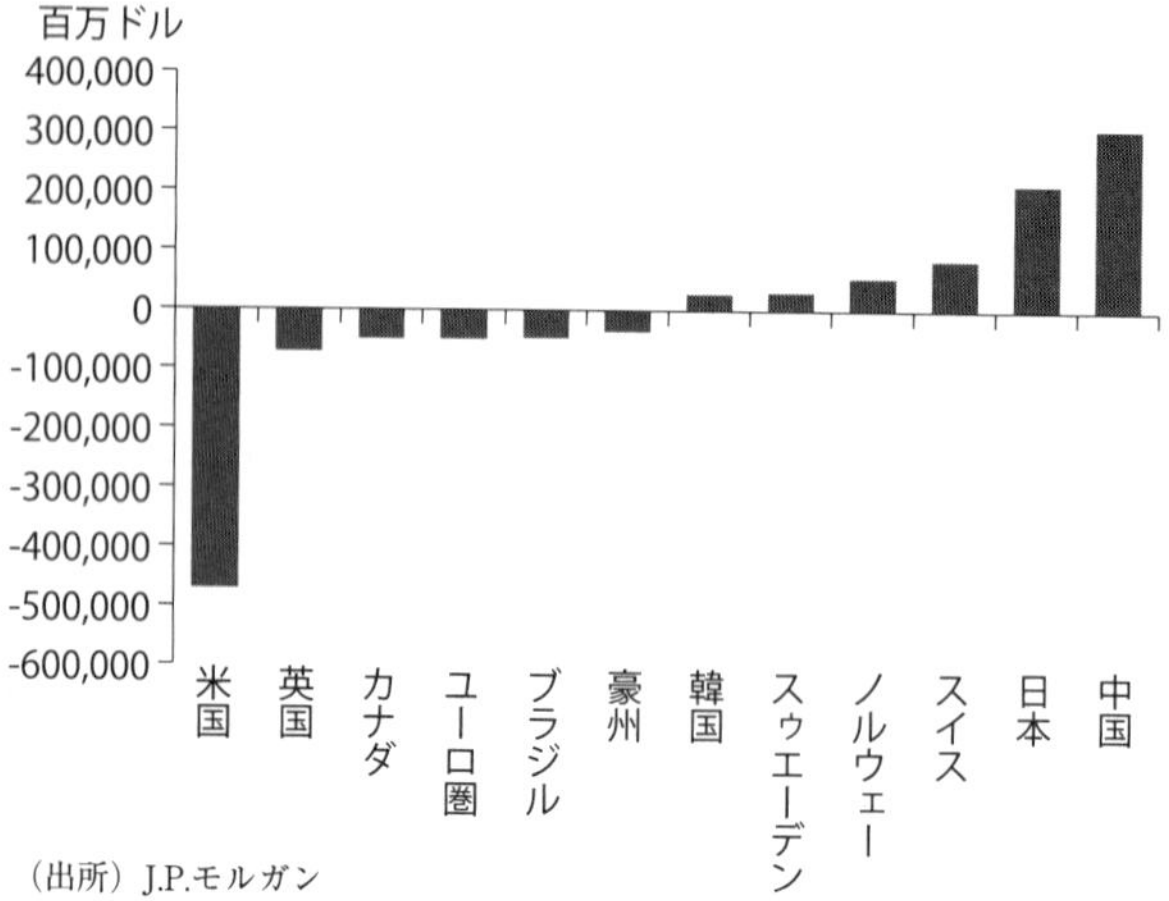

（出所）J.P.モルガン

米国は群を抜く世界最大の経常赤字国

米ドルの動きを予想する時、最初に考えなければならないのは、米国は巨額の経常赤字国だということである。厳密に言うと、為替相場にとっては貿易赤字が重要になってくるが、米国の場合、経常赤字より貿易赤字のほうが若干多いくらいであるため、経常赤字がそのまま貿易赤字であると考えても問題はない。

図表21が示すように、米国の経常赤字額は他国に比べて群を抜いている。つまり、米ドルという通貨は常に経常赤字から発生する売りに晒されており、米ドル相場が一定レベルで安定するためには、この売りを吸収するための米ドル買いが必要となる。市場では米国以外の世界中

の輸出企業が毎日18億ドル（約1440億円）程度の米ドル売りを行う必要があり、前の項でも説明したように、毎日それを補うだけの買い需要がなければ米ドルは下落してしまうのである。

時折、「米国の経常赤字は今に始まったことではないのだから、相場に織り込まれているのではないか」と聞かれることがあるが、経常赤字は実際のフローなので、相場に織り込まれることはない。毎日世界の輸出企業が巨額の米ドル売りを行っているのだから、それを相場に織り込むのは不可能である。

貿易赤字と所得収支赤字の違い

前項で、「為替相場にとっては貿易赤字が重要になってくる」と書いた。実は対GDP比で見た場合、豪州も比較的大きい経常赤字国である（2010年経常赤字対GDP比率：米国＝マイナス3・2％、豪州＝マイナス2・6％、OECD調べ）。もっとも、為替相場に与えるインプリケーションは豪州と米国ではかなり異なってくる。

なぜなら、2010年のデータで見ると、豪州の場合、貿易収支は黒字（168億ドル）である一方、所得収支が赤字（515億ドル）となっているため経常赤字になっているからである。

つまり、米国は経常赤字以上に貿易赤字のほうが大きいが、豪州の場合は経常赤字以上に所得収支の赤字が大きい。米国の場合、経常赤字と言えば貿易赤字のことであるが、豪州では、経常赤字と言えば所得収支の赤字のことなのである。

第4章で説明したように、経常収支は貿易収支、サービス収支、所得収支、経常移転収支に分けられる。豪州の所得収支が赤字であるということは、多額の投資資金を海外から集めていて、その配当金や金利を海外に支払っていることを意味している。貿易収支と所得収支の為替市場への影響の違いは、誰がどういった資金を受け取っているかを考えればわかりやすい。

まず豪州の所得収支の赤字は、「世界の投資家」が同国への投資の配当やクーポンの支払を受けていることを示している。豪ドル建ての配当やクーポンの支払を受け取っている「世界の投資家」は、特にその投資の果実を自国で使う予定がなければ、資源が今後も豊富に産出されると期待される豪州に追加的に投資するために、受け取った資金を再投資するケースが多いと考えられる。この場合、豪州の経常赤字（所得収支赤字）は豪ドル売りには繋がらない。

一方、米国の貿易赤字は、「世界の輸出企業」が米国に製品を売った代金を受け取っていることを示している。もちろん、輸出企業も再投資を行う場合はあるが、通常は製品を生産するためのコストを支払うために、受け取った米ドルを売却して自国通貨を購入する。

つまり、「世界の投資家」に支払われる所得収支の赤字は、当該国通貨の売りに繋がる部分が

図表22 米ドルに影響を与えるフローと米ドル実効レート

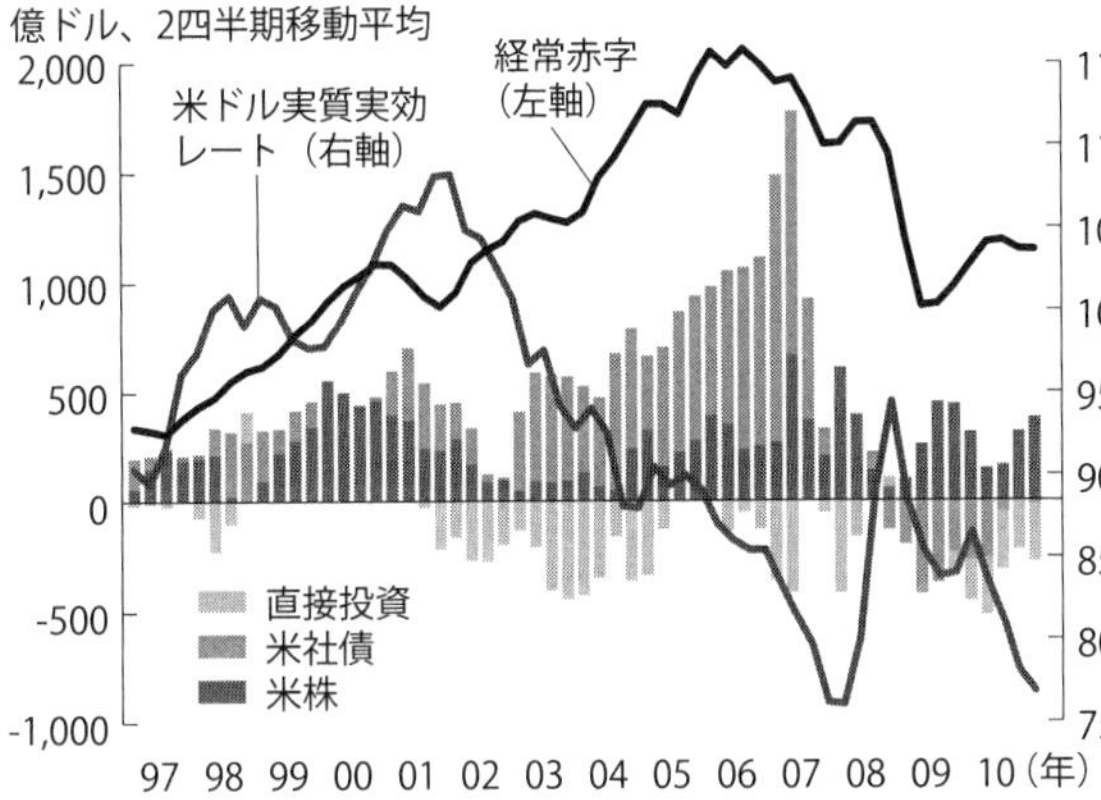

（出所）J.P.モルガン

必ずしも多くないと考えられる一方、「世界の輸出企業」に支払われる貿易赤字は当該国通貨売りに繋がる部分が多くなってしまうと考えられるのである。これが同じ経常赤字国でも通貨が売られやすい米国と、そうではない豪州の違いである。

ITバブル崩壊以降米ドルは問題を抱えている

図表22は、米ドル買いを伴うと考えられる米国へのネット直接投資、米社債への投資、米株式への投資フローと、逆に米ドル売りを伴う経常赤字（反転してプラスで表示）、そして米ドル実質実効レートを比較したものである。このチャートから、2000~01年のITバブル崩壊をきっかけに米国への米ドル買いを伴う資本

フローが減少し、経常赤字から発生する米ドル売りを補えなくなり始めたことがわかる。そして、02年以降08年前半にボトムをつけるまで、米ドル実質実効レートはほぼ一貫して下落している。

この間の米ドルの下落の背景としては、2つの点が指摘できる。1つは、チャートからも見て取れるように、ITバブル崩壊以降米国に資本フローが十分流入しなくなり、経常赤字から発生する米ドル売りを支えられなくなったことである。2つめは、データがないためチャートに示すことはできないが、世界的な好景気に加え、過剰流動性に支えられて市場が安定しリスクテイク嗜好が強まったことにより、米ドルをファイナンス通貨として調達・売却し、エマージング諸国や高金利通貨に投資を行う動きが活発化したことである。チャートを見ると2005～07年前半には米国への資本フローが増加してきていることがわかるが、それでも米ドルが下落を続けたのは、2つめの要因による米ドル売りが大きくなっていったためと考えられる。

その後、2007年後半頃から米国への資本フローは急速に減少している。この頃から米国のサブプライム・ローン問題が注目を集め始めたことが影響していると考えられる。したがって、07年後半～08年前半までの米ドル下落は、上記の2つめの要因と言うよりは、1つ目の要因（つまり、米国への投資が少なくなったため、経常赤字から発生する米ドル売りの影響が大きくなった）が背景にあると考えられる。

２００８年3月にベアスターンズが危機に陥り、9月にリーマンブラザーズが破綻すると、米国への資本フローはさらに減少を続けたが、米ドルは急速に買い戻されている。これは前述の2つめの要因、つまり米ドルを調達通貨として借りてエマージング市場や高金利通貨などに投資されていた資金が米国に戻ってきたためと考えられる。実効レートベースで見ると、米ドルの上昇基調は米国金融システム不安が高まった08年8月〜09年3月まで、約7か月間続いた。

そして、米国金融システム不安が落ち着き、世界の投資家が再びリスクを取り始めた２００９年4月以降、米ドルは再び下落トレンドに戻っている。11年に入っても米国への資本フローは全く回復していない。ニュージーランド・クライストチャーチでの大地震、日本の大震災、中東情勢の緊迫化などがあっても、世界の投資家のリスクテイク志向は維持されている。さらに米国の短期金利は非常に低い水準で、経常赤字は非常に高い水準で維持されている。経常赤字から発生する米ドル売りは続く一方、それを補うための米国への資本フローの増加は見られない。投資家は低金利のドルを借りてエマージング諸国や資源産出国に投資をするだろう。今、手元に一定量の資金があって、少しリスクを取って対外投資をしてみようと考えた時、米国に投資をしようと考える人はあまりいないのである。こうした状況で米ドルが中長期的な上昇トレンドを辿るのは難しいと思われる。

なぜ米短期金利が重要なのか

米ドルの下落を予想すると、「米国経済や米国の先行きに対して弱気だから米ドルが下落すると予想している」と思われてしまうことがある。しかし、これまでも説明してきたように、通貨の強弱はその国の経済成長率が高いとか低いといったことで決まるわけではない。筆者がこれまでの数年間、中長期的な観点から米ドルに対して弱気なのは、これまで説明してきたようなフローの分析を背景にしている。

その観点からして、筆者の米ドルに関する予想にとっては、GDP成長率よりも金融政策見通しのほうが重要である（そもそも、米国経済の高成長、あるいは世界経済の高成長は前述した通り、基本的には米ドル売り要因である）。

前出の図表22は、米国債へのフローを意図的に外している。これは、米国債への投資は為替リスクをヘッジして投資されることが多いため、米国債への投資フローの増減と米ドルとの間にはほとんど相関がないためである。もちろん、米国債への投資フローのなかで為替リスクを取って行われる部分が多くなれば、米国債への投資も米ドル買いに繋がる。ただし、政策金利がゼロ近辺に据え置かれ、短期金利が0・3％程度しかない状況では、海外投資家にとって為替リスクを取って米国債に投資を行うインセンティブはかなり低くなる。

例えば、1か月LIBOR（＝0・3％）で米ドルを調達し、米10年国債（＝3・3％）に投資するとする。もし1か月LIBORの水準が1年間変わらなければ、この取引から得られるリターンは3・0％である。日本の10年国債利回りは1・2％、スイスの10年国債利回りは1・8％程度であり、世界の投資家にとって、米ドルに対する為替リスクを取らずに自国の国債利回りよりもはるかに高いリターンを得られるのだから、米ドルの為替リスクを取って米国債に投資を行うというインセンティブはほとんどないであろう。したがって、いくら米経済が強い成長を遂げても、短期金利が上がらないのであれば、米ドル買いを伴うフローは増加しにくいのである。

為替相場の分析には資本フローの流れに関する分析が必要であるが、それも単純に経常収支と証券投資のフローを比較すればよいというものではない。経常収支の中身も貿易収支が大きいのか所得収支が大きいのかによって、為替への影響は異なる。また、証券投資のフローも短期金利の水準によって為替市場に影響するものとしないものがある。だから為替相場の動きは簡単には理解しづらくなってしまうのであるが、その時々の経済・金融情勢を細かく分析し、何が起きているのかを正しく理解すれば、一定程度、方向性が正しく理解できるようになる。

米ドルにはリスクプレミアムが必要

図表23に示したように、1990年以降、日米3か月物金利差が150ベーシスポイント（bp）を下回っている時に、米ドル／円相場が中期的な上昇トレンドを辿ったことはない。米国は世界最大の経常赤字国で日本は世界第2位の経常黒字国である。フローの面から考えれば、どう見ても円のほうが米ドルより強い。米国が為替ヘッジなしのフローを十分惹きつけられれば対円に対しても上昇するであろうが、米国の短期金利が低水準でかつ日本との差がない時に、米国に為替リスクを取ったフローが大量に流入することは考え難く、米ドル／円相場が上昇するとのシナリオを描くのは難しい。

因みに、日米3か月物金利差と米ドル／円相場との関係でもう1つ重要なポイントは、米ドル／円相場にとっては日米3か月物金利差の方向性ではなく、水準こそが重要ということである。

ここまでの議論で明らかだと思うが、ポイントは米国の金利水準が、赤字国・債務国であるにもかかわらず低過ぎるということである。したがって、チャートからもわかる通り、1990年代前半のように逆転していた日米金利差が縮小傾向にあっても、金利差が150bpよりも下の時は、米ドル／円相場は下落している。つまり、赤字国で債務国の通貨である米ドルが、黒字国

図表23　日米3か月物金利差と米ドル／円相場

（出所）J.P.モルガン

で債権国の通貨である円に対して中期的に上昇基調を辿るには、一定程度（１５０ｂｐ、１・５％ポイント）のリスクプレミアムが必要であるということだ。因みに、現在の日米３か月物金利差は５～１０ｂｐ程度しかない。

米ドルの強弱と基軸通貨論は関係ない

こうした米ドル安見通しは、しばしば「基軸通貨論」と混同されることがある。しかし、両者は異なる議論である。過去20年間、米ドルは英ポンドと並んで主要通貨のなかで最弱通貨であったが、米ドルが世界の基軸通貨であったことに疑いはない。つまり、弱い通貨だから基軸通貨ではないとは全く言えないのである。

「基軸通貨」の定義とは、「貿易や資本取引等、国境を越えた取引に最も頻繁に使用される通貨」となろう。もちろん、先行き急落することが予想され、受け取る側が当該通貨で受け取ることを拒否するような場合は、通貨が弱いことが結果的に基軸通貨としての地位喪失に繋がる可能性はある。実際、以前、ブラジルのファッション・モデルが賃金をユーロで受け取ることを求めたと話題になったことがあったが、これはまさしく基軸通貨交代の可能性が全くゼロではないことを示唆する話題である。

しかし、今後米ドル／円がさらに円高・ドル安方向に下落していった時、日本企業は海外に製品を輸出した際の代金受け取りを米ドルからユーロに変更するだろうか。おそらくそのような事態にはならない。基軸通貨の基準はその通貨が強いか弱いかではなく、一般的な商取引や決済に広く使われているかどうかなのである。したがって、例えば日本の輸出企業が弱い米ドルを受け取ることを嫌がっても、輸出先が米ドル以外の通貨で支払うことを了承しない限り、決済通貨は米ドルであり続ける。つまり、基軸通貨論とその通貨の強弱はあまり関係ないのである。

このように考えると、資本取引も自由化されていない中国の人民元が基軸通貨になるかどうかは議論するのさえ時期尚早ということがわかるであろう。現時点で基軸通貨が米ドルから他の通貨に変化する兆候はあまりないと言えるが、仮に米ドルでなくなるとすれば、市場や経済の規模から言って、候補はユーロか円しかないであろう。時折、ＩＭＦのＳＤＲ（特別引出権）を基軸通貨になどという議論も聞かれるが、これも全く無理な話である。実際の商取引や投資で使われていない通貨（しかもＳＤＲは通貨でもない）が基軸通貨になるはずがない。

米国が強いドルを支持するのはドルが弱いから

米国政府、特に米財務長官はしばしば「強いドルを支持する」と発言する。これはなぜだろうか。どの国にとっても自国通貨は弱めに維持されていたほうが自国製品を他国に売り込む際に有利になるので、好ましいはずである。米国政府が米ドルが弱い通貨となって困るのは、米ドルが下落することによって、①インフレ懸念が高まる、②長期金利が上昇（債券価格が下落）する、③米株価が下落する――である。これらの３つの事象が発生しない限り、米ドルの下落は基本的に米国政府にとっては好ましいはずである。

それではなぜ米国政府は「強いドルを支持する」と言い続けるのか。それは米ドルが基本的には弱い通貨であり、「ドルは弱いほうがよい」などと言ってしまうと急落する危険があるが、「強いドルを支持する」と繰り返し言っていれば、程よいペースで緩やかに下落していくからである。いくら米国政府にとって米ドルが下落するほうが好ましかったとしても、急落してしまうと前述のような３つの好ましくない現象が発生してしまう可能性が高まる。だから、あくまでも緩やかな下落が必要なのである。

米国は世界最大の貿易赤字国であり、為替市場では毎日米国以外の世界中の輸出企業が18億ドル（約1440億円）程度の米ドル売りを行っている。したがって、ある程度安定した相場を実現するには、かなり多額の米国への米ドル買いを伴う資本流入が必要である。もし、米国政府があからさまに米ドルの下落を望んでいると公言したら、こうした資本流入が細ってしまい、米ドルは急落してしまうリスクがある。さらに、米国は世界最大の純債務国である。つまり、海外から多額の借金をしているのである。海外の投資家に多額の米国債を購入してもらって国の財政が賄えているのだから、政府があからさまに米ドルは下落したほうがよいとは言えないであろう。もしそのようなことを言えば、海外の投資家は米国債から逃げ出す可能性があり、そうなると米国の長期金利は上昇し、米国政府が望まない形での米ドル下落となってしまうのである。

米ドルは、全体として見ると2002年以降下落トレンドを辿っている。米政府は「強いドルを支持する」と言いながら、緩やかな米ドル下落を実現しており、その意味では米国の為替政策は成功していると言えるであろう。

第 7 章

米金利が下落すると円高になる

——金利の動きと為替相場の関係

日米金利差と米ドル／円の相関が強くなったのは2000年代に入ってから

為替市場を分析するうえで金利の動きは非常に重要である。為替相場は国境を越えた資金の動きによって変動する。国境を越えた資金の動きには、各国の金利の動きが大きな影響を与える。また逆に、各国の金利の微妙な動きが、国境を越えた資金の動きを反映している可能性もある。

とはいえ、金利の高い国、金利が上昇している国の通貨が買われると単純に考えてしまうのもよくない。例えば、金利が上昇していても、同時にインフレ率が上昇している場合は、その国の通貨は上昇しない。ある国の短期金利と長期金利の差が大きい場合（イールド・カーブがスティープな場合）、長期金利が高くてもおそらくその国の通貨はあまり買われることはない。国際的な資金の流れや取引動機は、現実の世界では複雑なので、金利の動きと為替相場の動きを一般化、かつ単純化して語るのは難しい。ただし、金利の動きと為替相場の動きは密接に関係していることは紛れもない事実であるから、両者の関係を常に注意深く見ていくことは重要である。

米ドル／円相場と日米金利差に関して見ると、日米10年債の利回り差と米ドル／円の関係は2002年頃からは比較的安定しているようにも見えるが、それ以前、特に1990年代は両者にほとんど相関はないことがわかる（図表24）。こうした相関関係の変化は、データで示すことは難

図表24　日米10年債利回り差と米ドル／円相場

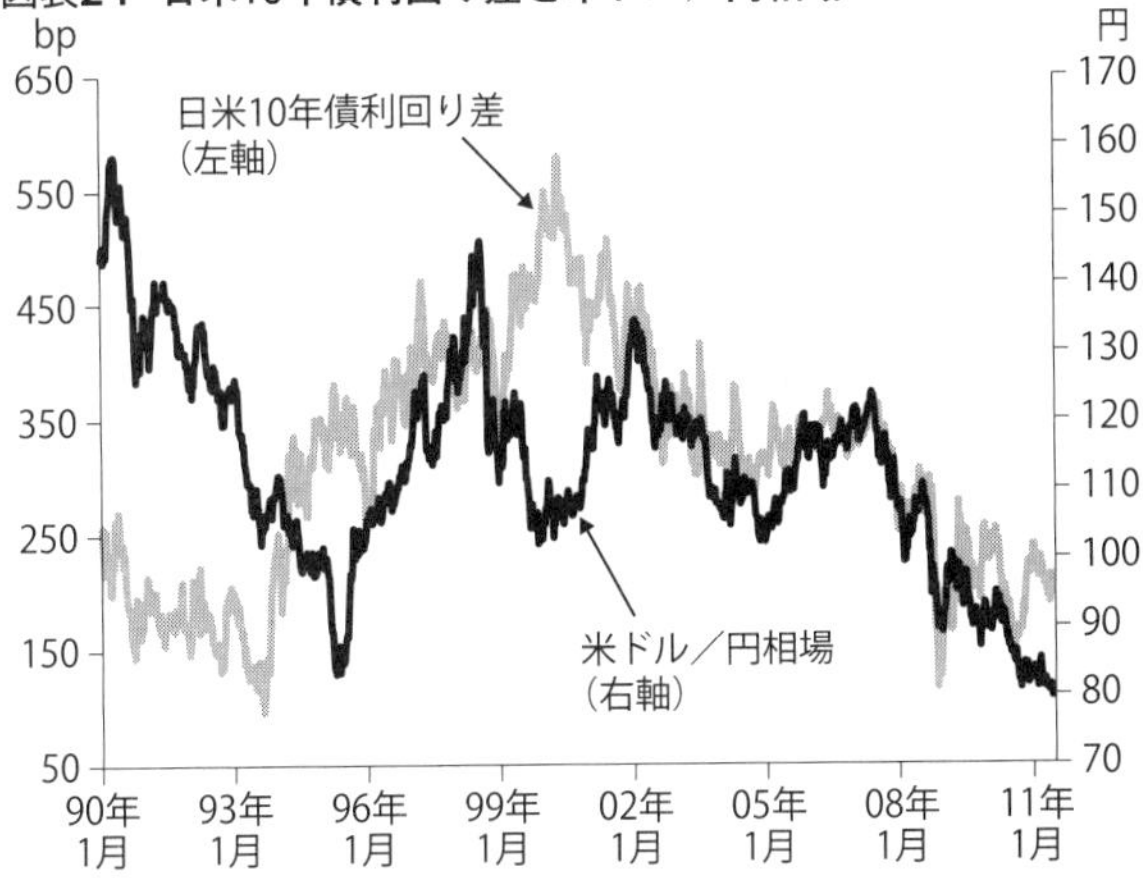

（出所）J.P.モルガン

しいものの、おそらく国境を越える資本フローの性質の違いにあるのではないかと思われる。

つまり、１９９０年代の為替市場では貿易取引に絡むフローが中心であったのが、２０００年代に入ってからは投資資金のフローの影響のほうが大きくなってきたことを示唆しているのではないだろうか。貿易取引に絡むフローに金利差はあまり関係ないかもしれないが、投資資金のフローが影響度を増すことによって、為替相場と金利の相関が強くなってきたのかもしれない。

為替相場にとっては2年物金利差がより重要

米ドル／円相場と日米金利差の関係に関してよく受ける質問は、何年物金利の差を見ている

図表25　日米2年物金利差と米ドル／円相場

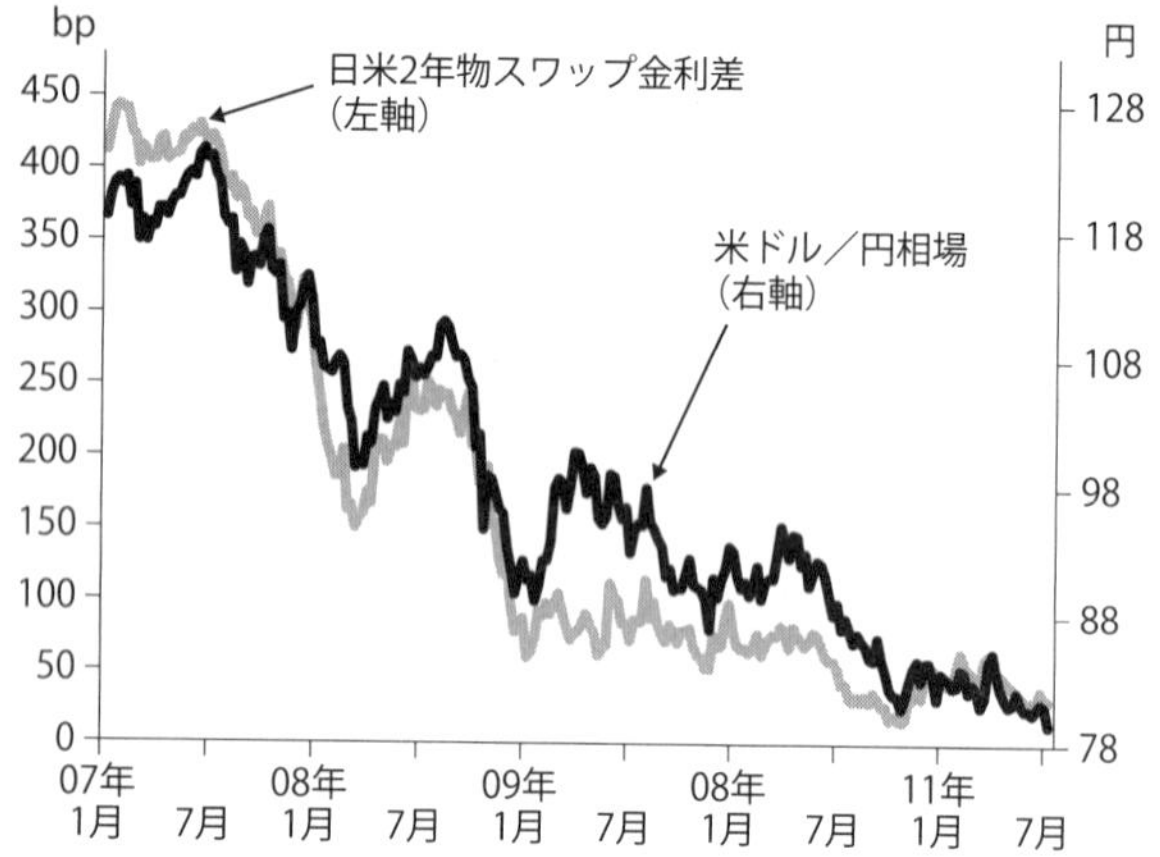

（出所）J.P.モルガン

のが一番よいかというものだが、筆者の答えは2年物の日米金利差である（図表25）。これ以上長い期間の金利差でも、短い期間での金利差でも、2年物金利差よりは相関が悪くなってしまう。

なぜ2年物金利差が最も相関が高いのか明確な理由を指摘するのは難しいが、基本的に為替相場にとって重要なのは、政策金利～3か月物金利のような短期金利の差であると考えられ、2年物金利はこうした政策金利のような短期金利の将来に対する期待や市場の予想を最も反映するからではないかと考えられる。

為替相場にとって短期金利のほうが重要なのは、短期金利が資本調達コストになるからである。例えば、米国の短期金利が極端に低いままだと、米国への投資が行われても米ドル買いを伴わないケースが多くなると考えられることについては、既に解説した。米ドルの３か月物金利が０・３％程度である場合、米ドルを購入して為替リスクを取りながら３・６％の米10年国債に投資をするのと、０・３％のコストを払って米ドル資金を借り入れ、為替リスクなしに３・３％（３・６％－０・３％）のリターンを得られるのとでは、後者を選ぶほうが合理的だろう。

もちろん、短期金利が上昇してしまえば借入れコストが上昇しリターンは減少するが、当面FRB（米連邦準備理事会）の利上げはないと予想されているような状況では、わざわざ為替リスクを取るインセンティブは小さいと考えられる（このように将来の政策金利に対する予想も非常に重要になってくるので、２年物金利差が重要になってくるのだと考えられる）。こうしたケースでは、米国の長期金利が上昇して米国債の金利水準がより魅力的になり、米国債への投資が増加したとしても、その多くが為替ヘッジ付きの投資となってしまう結果、米ドルの上昇には繋がらないのである。したがって、短期金利が低いままの状況で米国の長期金利が上昇しても、米ドルの上昇には繋がらないのだ。だから単なる金利の上げ下げだけではなく、イールド・カーブの形状も為替相場に対しては重要なインプリケーションを与えるのである。

図表26　米10年物金利と円実効レート

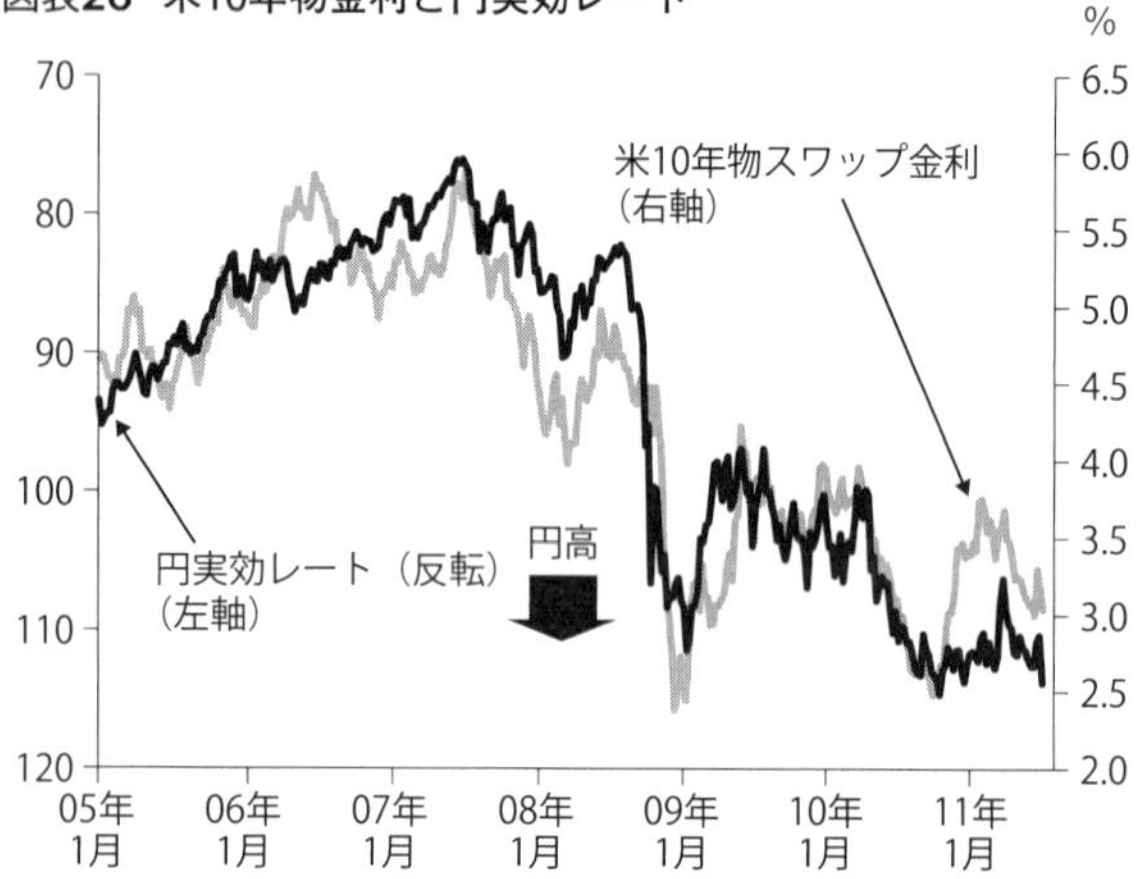

（出所）J.P.モルガン

なぜ米長期金利が下落すると円高になるのか

金利と為替の関係からは様々な事象が読み取れる。なかでも興味深いのは、図表26に示した米国の長期金利と円の実効レートとの相関である。図表からもわかる通り、米国の長期金利が低下すると円高になり、上昇すると円安になるという関係がある。

なぜ、このように一見するとあまり関係のない両者が相関関係を持つのだろうか。もちろん、資本調達通貨である円は、米国の長期金利が低下するような世界景気が悪い時には強くなり、逆に米国の長期金利が上昇するような世界景気がよい時に弱くなるので、こうした相関関係が見られても不思議ではない。しかし、実はそれ以外にもこの両者の相関関係をサポートする動きがある。

それはオプション取引から発生する取引である。簡単に言えば、あるポジションを抱えているオプション・トレーダーは、そのポジションをヘッジするために米長期金利が低下すると円を買い、米長期金利が上昇すると円を売る必要がある。このオプション・トレーダーのヘッジのための取引需要が、米長期金利が低下すると為替相場が円高方向に、逆に米長期金利が上昇すると為替相場が円安方向に動きやすい状況を作っているのである。

そもそもなぜオプション・トレーダーはそのようなポジションを抱えるようになったのか。このオプション取引の具体的な仕組みや、そこから発生するデルタヘッジについての説明を詳細に行うと話が難しくなり過ぎるので、ここでは概念的な話に止める。もっとも、詳細を説明するより概念的な話をしたほうが、世の中で何が起きているのかがわかりやすいと思う。

話は2000年代半ば頃の円キャリー・トレードが一般的になる少し前に遡る必要がある。この頃、円金利と主要国の金利差は非常に大きく乖離していった。この金利差が着目され、低金利の円を調達して高金利の外貨に投資を行う円キャリー・トレードが活発化し、また、もともと円を持っている日本の投資家も、低金利の日本の債券に飽き足らず、高金利国の債券などに投資を行っていたのである。

しかし、この時、金融機関は販売する金融商品のリターンをさらに深めるために、あることを考えついた。それは、将来の金利差を先取りしてしまうことである。例えば今現在日米の10年債金利差が3・5％程度あったとする。つまり、為替リスクさえ考えなければ、日本の10年債に投資せずに米国の10年債に投資をすれば、3・5％の超過リターンが得られることになる。

来年も再来年もこの超過リターンが得られるかどうかは、来年以降の日米10年債金利差次第ということになる。つまり、来年も金利差が3・5％であれば3・5％の超過リターンが得られることになるのだが、オプションのようなデリバティブを使うと、将来の超過リターンも手前に持ってきてしまって早めに享受することができるようになるのだ。2000年代半ばから米国で金融危機が発生する08年頃まで、このように将来の金利差を先取りした金融商品が開発され、販売された。これにより、投資家は将来の金利差から超過利益を得ることができた。

金融機関のオプション・トレーダーは、この時、この金融商品に組み込まれているオプションから発生するリスクをヘッジするために、販売当初に一定程度の米ドル／円を購入している。しかし、実際、当時3・5％程度あった日米長期金利差は、2008年の終わり頃には1・0％程度まで急速に縮小した。00年代半ば頃に人気を博したこれらの金融商品は、3・5％の日米長期金利差が長期間続くことを前提に作られていたが、金利差が縮小することによって、投資家は当初の思惑のような超過利益を得られなくなってしまった。その結果、金融機関のオプション・トレーダーは、販売当初に購入していた米ドル／円を米金利が低下する度に売り戻すという行動を取ることになるのである。日本の金利があまり大きく動かないので、米長期金利が動くと日米長期金利差が動き、こうした取引になる。これが、米長期金利が低下すると円高になる理由である。

量的緩和政策で通貨安にはならない

時折、円安に誘導するために日銀が量的緩和をもっと積極的にやればよいといった論調が聞かれる。つまり、中央銀行が資金を大量に金融システムに投入すれば、通貨が安くなるという議論である。実際、2000年代に日銀が量的緩和を行った時に円安になったではないかとか、米国もFRBが量的緩和政策に積極的だから米ドル安になったなどと言われることがある。

しかし、筆者は量的緩和政策は為替相場には影響しないと考えている。もう少し厳密に言えば、ゼロ金利下での量的緩和政策は為替相場に影響するメカニズムがないのである。

中央銀行が資金を大量に金融システムに投入すれば当該通貨が安くなる、というロジックは正しい。しかし、それは大量に供給された資金が当該国の金利を押し下げる点に主眼がある。量的緩和政策は金利を通じてはじめて為替相場に影響を与えるものであるから、金利がもともとゼロの場合、いくら中央銀行が資金を市場に供給しても、それが為替相場に影響を与えるメカニズムがない。

実務的に言って、量的緩和政策は金利低下を通じる以外のルートで円安に繋がることはない。中央銀行が量的緩和政策を通じて金融システムに投入している資金は、銀行の当座預金として中央銀行の口座に止まっている。したがって、投入した資金が金利以外の経路を通じて為替相場に影響を与えるはずがないのだ。米ドルが近年下落基調を辿っているのは量的緩和政策が原因ではなく、第6章で説明したように、巨額の経常赤字と純債務を抱えているにもかかわらず金利が低く、赤字から発生するドル売りを米国への資本流入に伴うドル買いで十分賄い切れていないからなのである。事実、米ドルはＦＲＢが量的緩和政策を導入するずっと前の２００２年から、長期的な下落トレンドを続けている。

それでも、日銀が量的緩和政策を行っていた時は円安になったではないかと考える向きもあるかもしれない。しかし、それは誤解である。図表27は日銀の当座預金残高と円の実効レートの動きを比較したものである。日銀が２００１年3月19日に量的緩和政策を開始し、当座預金残高を積極的に増加させていた時、円の実質実効レートはほぼ横這いだったことがわかる。つまり、量的緩和政策によって日銀が資金を大量に金融システムに供給しても、政策金利がゼロの状況では

図表27 日銀の量的緩和政策と円相場

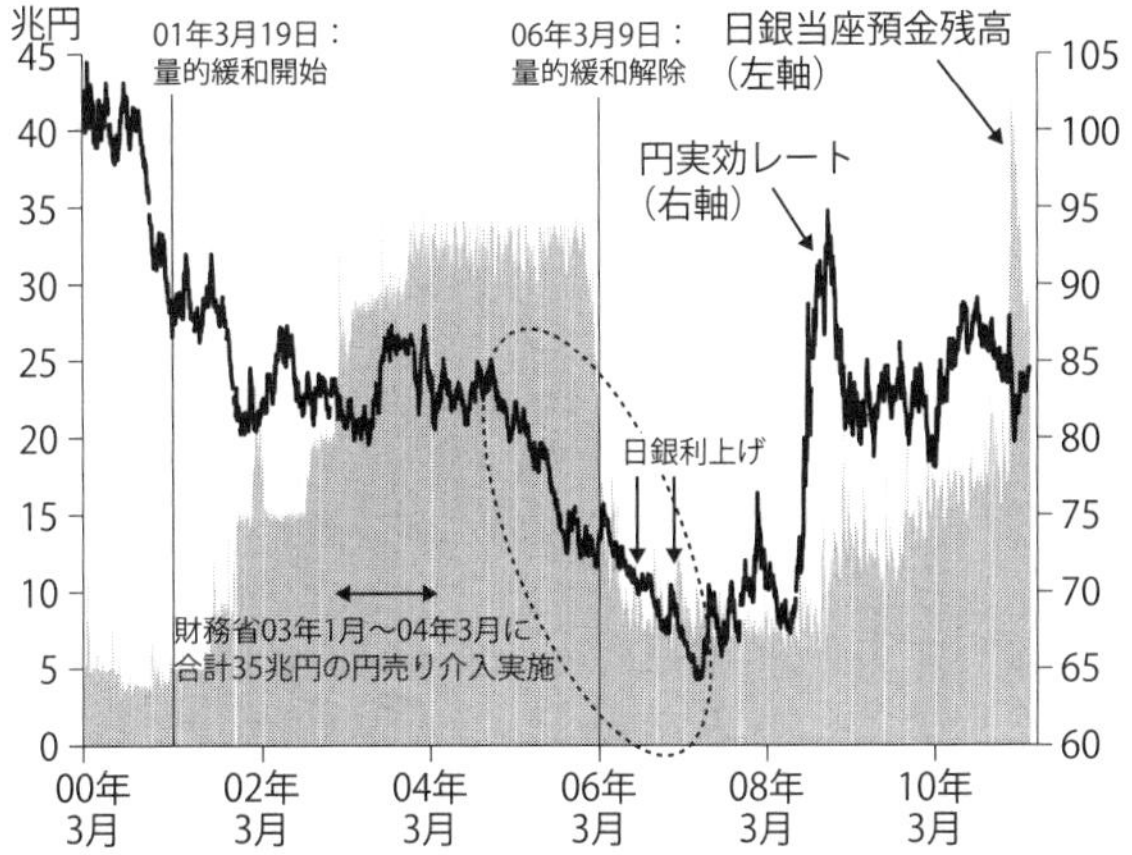

（出所）日本銀行、J.P.モルガン

円安にはならなかった。

もっとも、興味深いのは、量的緩和政策も終盤が近づいた2005年頃から急速に円が弱くなり始め、日銀が量的緩和政策を解除し、さらに利上げを行う間に、円相場の下落が加速していることである。因みに、この量的緩和解除後に円安が加速した時期は、日本の個人投資家が証拠金取引を通じて円ショート・ポジションを積み上げ、投資信託等を通じて積極的に外貨建て資産を購入し、さらには海外でも円建て住宅ローンのような商品が流行った時期である。「円キャリー・トレード」という言葉が流行ったことも記憶に新しいであろう。

つまり、円キャリー・トレードを背景とした「円安バブル」が本格的に進展していったのは、日銀が量的緩和政策を解除した後だったのである。こうした事象を見ても、ゼロ金利下で中央銀行が量的緩和政策を行って市場に資金をいくら投入しようが、その量と為替相場の間には何の関係もないことがわかるであろう。

なぜ量的緩和政策の後半から量的緩和政策終了、さらにはその後の利上げにかけて円安が加速したのだろうか。前述した通り、「量」と為替の間に関係はない。つまり、量的緩和政策の終了と円安に直接の因果関係があるわけではなく、量的緩和政策が終了するようなグローバル経済環境が円安を後押ししたのだ。つまり、グローバル経済環境が好転してきたからこそ、日銀は量的緩和政策を終了できたのだが、まだ日銀の政策金利はゼロのままで、当座預金残高を減らしていくだけだった。その後、さらにグローバルな経済環境が良好な状態が続いたため、日銀もやっと2回の利上げに踏み切り、政策金利を0・5%まで引き上げた。

しかし、日銀までが利上げを行うことができるような環境であったわけだから、当然、他国はとっくに積極的な利上げを行っており、日銀が政策金利を0・5%まで引き上げた2007年2月当時のニュージーランドの政策金利は7・25%、豪州の政策金利は6・25%、カナダの政策金利は4・25%であった。市場には過剰流動性が溢れていて、市場の変動はかなり抑えられているなかでの金利差拡大であったため、円が資金調達通貨として幅広く使われ、高金利通貨やエマージング通貨に投資資金が流れ込んだのである。

つまり、日銀の量的緩和政策終了前後で円安が加速していった理由は、日本と他国の金利差が拡大していったからなのである。結局は中央銀行が供給する資金の量が重要なのではなく、相対的な金利差とその時の市場環境が為替相場にとっては重要なのである。

第 8 章

介入で「円安誘導」などできない
——介入のメカニズムと効果

米ドル／円相場がドル安・円高方向に下落すると、すぐに円売り介入の思惑が高まる。政治家や産業界のなかには、２００３～04年に実施した、いやそれ以上の大量の円売り介入を実施して米ドル／円相場を円安方向に誘導すべきだ、と主張する人たちもいる。しかし、過去の経験則から、介入に意味のある効果があったとは言えない。２０１１年８月４日に行われた４兆円規模の大量の円売り介入でも、米ドル／円相場の上昇は３円、そして３営業日後には元の水準に戻ってしまっている。また、日本の円売り介入がどのように行われているのかを本当に理解していれば、もっと大量に円売り介入を行えなどとは言えないはずである。

過去の円売り介入から見た効果

過去、１９９０年代半ばと２００３～04年の２回、比較的大規模かつ継続的な円売り介入が行われている。

１９９０年代半ばの大規模介入は、93年４月２日に米ドル／円相場が１１４円台から１１３円台に下落するタイミングで始まっている。当時の米ドル／円相場は、90年４月の１６０円台から長期的な下落トレンドを開始しているが、92年８月11日（米ドル／円相場は１２８円近辺）まではドル売り・円買い介入を行っており、最後のドル売り・円買い介入から８か月後にドル買い・

図表28　1993年～95年までの円売り介入額と米ドル／円相場

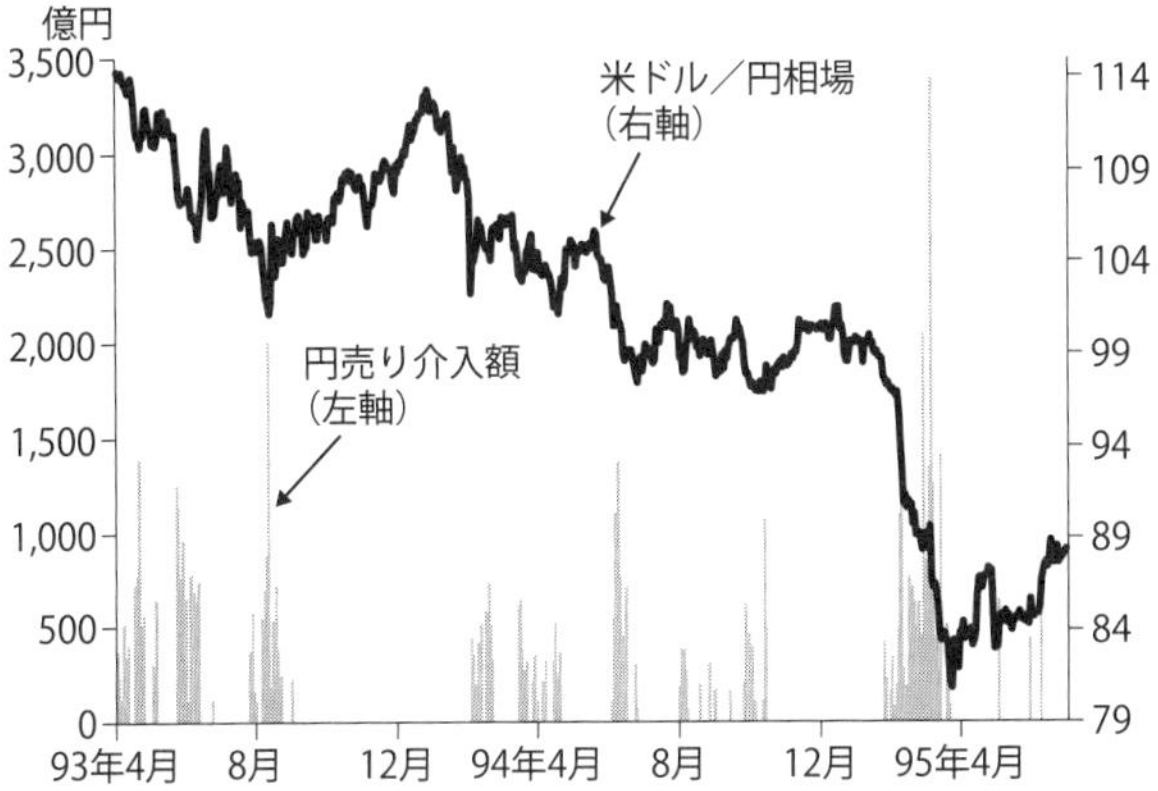

（出所）財務省、J.P.モルガン

円売り介入を開始したことになる。

注目すべきポイントは、１９９３年４月からドル買い・円売り介入を開始しても米ドル／円相場は下落を続けていたという点である（図表28）。特に95年２月以降は円売り介入額が急増し、２月半ばから４月半ばの２か月間に２・３兆円の円売り介入を行ったが、結局米ドル／円相場は97円台から79円台まで約18％も急落している。そして、この一連の円売り介入は79・75円の戦後最安値をつけた４月19日の前日で終了している。つまり、逆説的に聞こえるかもしれないが、円上昇の動きは円売り介入が終了したことによって止まったのである。その後の１か月半、円売り介入は全く行われなかったが米ドル／円相場は自律的に80円台後半まで反発した

図表29　2003年～2004年までの円売り介入額と米ドル／円相場

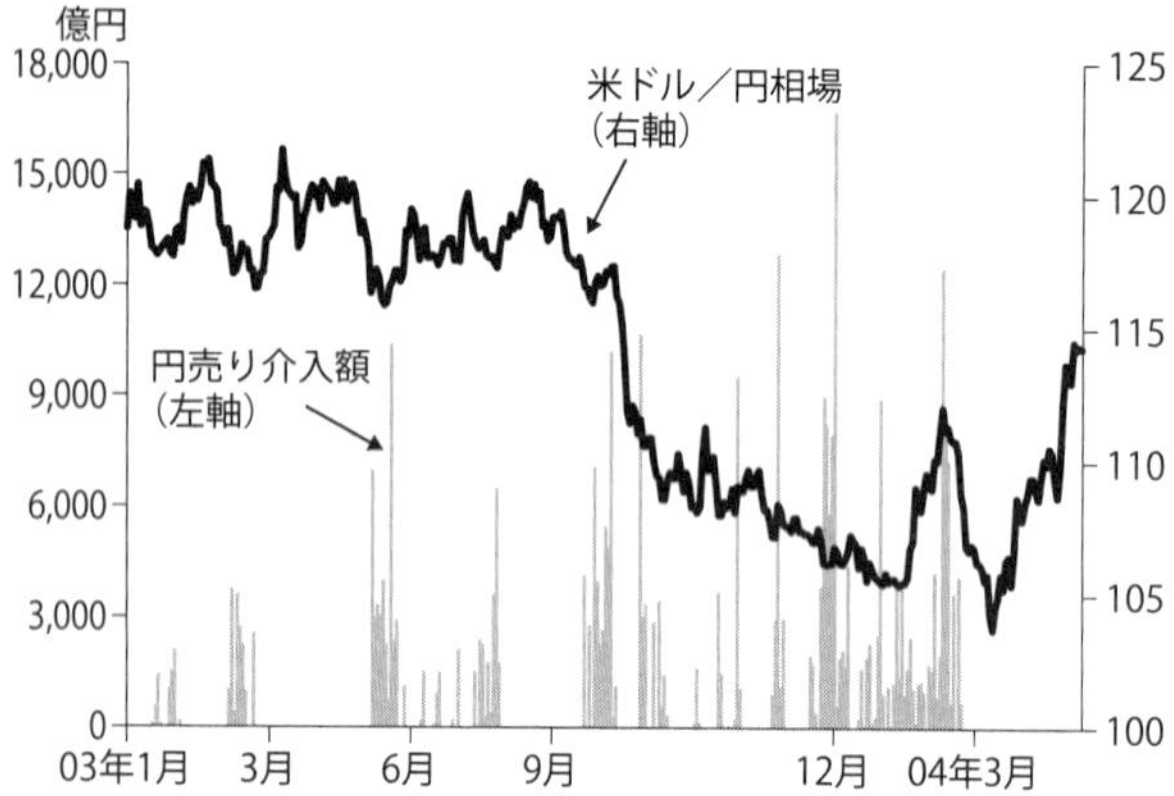

（出所）財務省、J.P.モルガン

のである。

２００３～04年の大規模介入は、03年1月15日に米ドル／円相場が１１８円台から１１７円台に下落するタイミングで始まった。当時の米ドル／円相場は、02年1月の１３５円台から長期的な下落トレンドを開始しており、02年5～6月にも１１９～１２４円台で一時的にドル買い・円売り介入が行われている。

ここでも注目すべきポイントは、介入を続けている間も米ドル／円相場は下落を続けたという点である（図表29）。この時の一連の介入は２００３年1月15日から04年3月16日まで14か月間続き、実に35兆円も費やした。しかし結果的に、ドル買い・円売り介入を開始した１１８円近辺から介入を終了する直前の04年2月には

図表30　2010年～2011年8月までの円売り介入額と米ドル／円相場

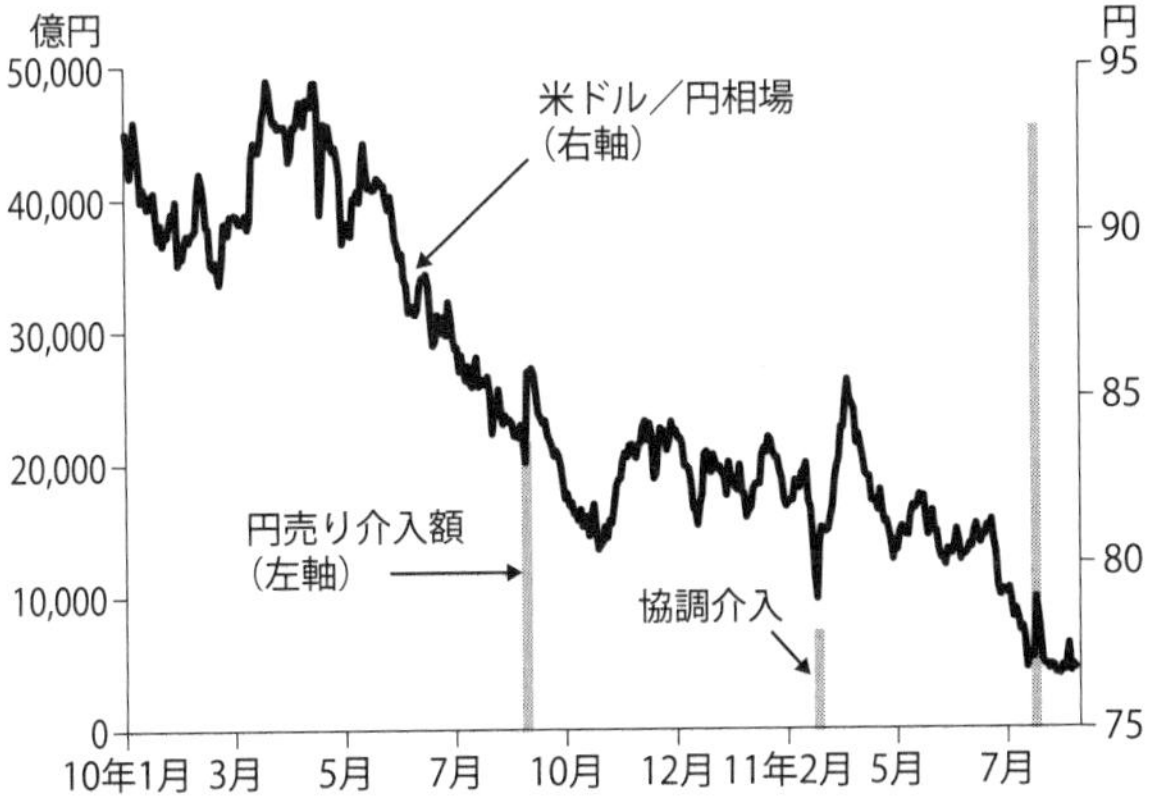

（出所）財務省、J.P.モルガン

１０５円台まで下落しており、さらには介入を終了した直後の04年4月には１０３円台まで下落している。もっとも、その後短期間で１１４円台後半まで反発しており、ここでも円売り介入が終了したことによって円上昇が止まるという皮肉な現象が見られている。

これらの大規模介入時の経験則に鑑みると、円売り介入の開始が即、円上昇の終了には繋がらず、むしろ円売り介入を続けている間は円高が続いていたことがわかる。例えば、時折「X円を割れるような展開となれば、円売り介入が行われる可能性があり、そこで円の上昇が止まる」などという予想も聞かれたりする。しかし、少なくとも過去の経験則上、円売り介入が開始されたことにより中期的な円上昇トレンドが止まった経験はない。図表30も、2010年9月15日の2・1兆ドルの円売り介入、11年3月18日の6925億円（この日は協調介入であったが、金額は日本の分のみ）の円売り介入、11年8月の4・5兆円規模の円売り介入の効果がいかに短期間しか続かなかったかを示している。

介入はなぜ効かないか

ロンドンやニューヨークでヘッジファンドのシニア・ポートフォリオ・マネージャーを訪問し意見交換をする際、筆者が1990年代半ばの円売り介入の時に日銀で実際に介入事務を担当していたという話をすると、自分はその時大量のドル売り・円買いを行っていたと言う人に出会うことがある。実際、円売り介入が始まると、市場には逆に多額のドル売りオーダーが湧いて出てくる。一定レベルに日銀のドル買いオーダーが大量に並んでいることを市場参加者がわかっていても、その10銭上にドル売りオーダーが並んでしまい、その結果、米ドル／円相場はしばらくの間狭いレンジで膠着するという現象が起こる。そして、結果的にはドル売りオーダーのほうが勝り、米ドル／円相場は下落するのである。

筆者はこうした現象を目の当たりにし、どうしてこのようなことが起こるのか不思議に思っていたので、ロンドンやニューヨークで当時実際にドルを売っていた側の人たちに会った際には、なぜ日本の当局が大量の円売り・ドル買いを行っていることがわかっていながら、逆に円買い・ドル売りを続けたのかと聞くことにしている。答えは様々だが、概ね以下の3つに分けられる。

①わかりやすい動きをするので注目が集まってくる

円売り介入が行われると米ドル／円相場は不自然に跳ね上がる。各通信社は競うようにして介入観測を報道する。この結果、通常は株や債券しか取引しない投資家や、通貨を取引するにしてもエマージング通貨が専門のファンド・マネージャーまでが、米ドル／円相場の動きに興味を持ち始める。そして、この興味を惹きつけた米ドル／円相場は、介入が行われると不自然に跳ね上がり、そこから緩やかに下落し、またしばらくすると不自然に跳ね上がるという一定のパターンを繰り返す。市場の動きから利益を得ようとする人にとっては、不自然に跳ね上がったところで米ドルを売ればよいので非常にわかりやすく、利益を得やすい。この結果、通常米ドル／円相場には見向きもしないような市場参加者まで、米ドル／円相場が上昇したところでドル売り・円買いを行うことになってしまう。

②ボラティリティが低下するのでポジションを大きくしやすくなる

①のような理由で、米ドル／円相場に馴染みがない参加者までドル売り・円買いを行うようになるなか、当然日頃から米ドル／円相場の取引を行っている参加者もドル売り・円買いを行

う。そして、介入が行われると一時的にせよ相場が安定するのでボラティリティ（市場の変動率）が大きく低下することになる。ボラティリティが低下すると、市場参加者は保有できるポジション量が大きくなるため、ドル売りポジションをこれまでよりも大きく持てることになる。

③ 流動性を提供するのでそこに需要が集まる

１９９０年代半ばと、２００３～04年のともに大量の米ドル買い・円売り介入が行われていた時期は、米ドルが全体として売られていた時期であり、米ドルは対円にかかわらず、その他の主要通貨に対しても下落基調を辿っていた。つまり、これらの時期、市場は「米ドルを売りたい人」「米ドルを売らなければならない人」で溢れていたのである。しかし、為替市場ではどの通貨に対しても米ドルを売りたいと考えている人が多く、米ドル買いオーダーは少ない。例えば、ある投資家が米ドルから逃げて豪ドルや加ドルを買いたいと思っても、それが多額だと、逆に米ドルを買って豪ドルや加ドルを売りたいと考える人が少なく、結果的によいプライスで米ドルを売って豪ドルや加ドルを買うことができない。

そんな時に日銀／財務省が大量のドル買い・円売り介入を始めるということは、市場参加者に絶好の米ドルの売り場を与えることになるのである。つまり、本来であれば米ドルを売る一方で豪ドルや加ドルを買いたいと思っていた市場参加者も、あまりよいレベルでのドル買いオーダーがないと、豪ドルや加ドルを買うことを諦めて、安心して大量に、かつ比較的割高なレベルで米ドル買いを行ってくれる日銀／財務省に対して米ドルを売ってくる。結果的に世界の為替市場で「ドルを売りたいと思っていた人」「ドルを売らなければならない人」は、皆安心して大量に米ドルを売ることができる米ドル／円市場に集まってきてしまうのである。つまり、米ドル買い・円売り介入を開始すると、市場にある米ドル売り需要をすべて米ドル／円市場に惹きつけてしまうのだ。この結果、円売り介入を行うと、行わなかった時より短期的には円高の深度が深まってしまい、逆効果になるリスクを孕んでいる。

因みに、スイス中銀は２００９年後半から10年半ば頃まで同じ経験をしている。欧州の金融システムに対する不安や財政問題等を受けて、市場参加者がユーロから逃げたいと考えていた時にスイス中銀は大量のユーロ買いオーダーをユーロ／スイスフラン市場に供給した。この結果、世界中の「ユーロを売りたいと考えている人」「ユーロを売らなければならない人」はこぞってユーロをスイス中銀に売却し、逆にスイス中銀からスイスフランを購入した。ユーロ／スイスフラン相場は世界中のユーロを売りたいと考えている人たちのユーロ売りオーダーと、スイス中銀によるユーロ買いオーダーでかなりの長期間膠着状態となったが、結局スイス中銀は大量のユーロ売りに耐え切れず介入を諦め、ユーロ／スイスフラン相場はその後大幅なユーロ安・スイスフラン高となった。先進国の為替市場では介入は効果はなく、逆効果にさえなってしまう可能性を日本とスイスの経験は示したのである。

介入のメカニズム

介入がどのようなメカニズムで行われているかは意外に知られていない。これを理解していれば、これ以上円売り介入を行うことが日本にとっていかに危険かがわかるであろう。因みに日本の為替政策は財務大臣、つまり財務省が責任を負っている。日銀は財務省の指示によってドルを買ったり売ったりする介入事務を行っているだけで、日銀に為替政策を決める権限はない。

多少細かくなるが、図表31を用いて円売り介入のプロセスを説明しよう。①財務省は日銀に対して短期国債を発行し、②日銀がその対価として円資金を財務省に払う。③この円資金を使って財務省は（日銀を通じて）ドル買い・円売り介入を行う。その後、④財務省はマーケットで短期国債を発行し、⑤マーケットから円資金を調達し、⑥その円資金を日銀に支払い、①で日銀に対して発行した短期国債を償還させる。

この流れからもわかる通り、基本的に財務省が行っていることは、マーケットに対して債券を

図表31 円売り介入のしくみ

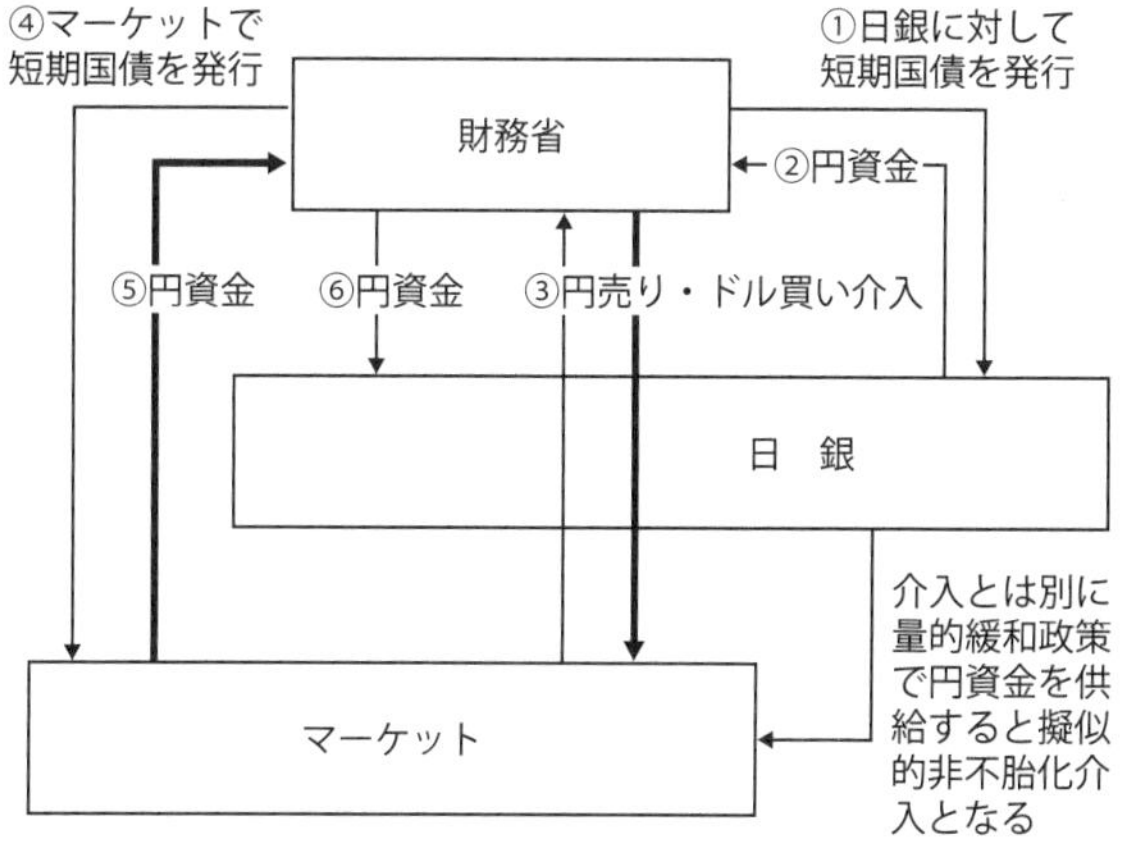

（出所）J.P.モルガン

発行して円資金を借り入れ、その円資金を為替市場を通じてマーケットに売り戻すという行動である。図表31の①、②の動作は、為替市場の動きに応じて機動的に動くため一時的に日銀から資金を調達するために行っているだけで、結果的に財務省はマーケットから円資金を借り入れ、それを外為市場を通じて売却しているのである。そしてこの結果購入した外貨が外貨準備に積み上がっていくわけである。マーケットから借り入れた資金で、外貨を購入しているのであるから、財務省は巨額の円キャリー・トレードを行っていることになる。

不胎化・非不胎化介入の議論は無意味

よく「不胎化介入」「非不胎化介入」という

言葉が出てきて、非不胎化介入を実行すれば効果があるなどと言われることがある。非不胎化介入というのは、ドル買い・円売り介入を行った結果、市場に放出された円資金をそのまま市場に放置しておく介入のことを指す。しかし、先の図表31で示した介入のメカニズムがわかっていれば、この議論が無意味であることもわかるだろう。図表からわかるように、介入資金はもともとマーケットから調達されて、マーケットに売り戻されているだけ。つまり、円売り介入を行うことだけで、マーケットにある円資金の量を増加させることは物理的に不可能なのである。

もっとも、擬似的に非不胎化介入を行うことはできる。それは、日銀の量的緩和政策と合わせた円売り介入である。しかし、日銀と財務省はこの擬似的非不胎化介入を既に行っていて、効果がないことも実証されている。日銀は2001～06年まで行った量的緩和政策で当座預金残高を35兆円程度まで増加させ、財務省は03～04年の間に35兆円の円売り介入を行った。しかし、前出の図表27で示した通り、当座預金残高を増やしながら介入を行っていた時期、円の実効レートはほぼ横這いで推移し、円安にはなっていない。前述した通り、円安になり始めたのは、むしろ日銀が量的緩和政策をやめる前後で、日本と他国の金利差が大きく開いたから円安になったのである。

そもそも非不胎化介入が効果があるというロジックも、金利がある世界でのみ有効な話である。非不胎化介入とは、円売り介入でマーケットに放出した円資金を放置することによって、円金利が低下するから円安になる、というロジックである。この考え方自体は正しいと思う。ただし、ゼロ金利下で非不胎化介入を行っても金利は低下しようがないので、効果はないのである。したがって、日銀の量的緩和政策とセットにした疑似的非不胎化介入を行っても、円が弱くなるメカニズムはないのである。疑似的非不胎化介入は全く意味がないことは、金融実務に精通した為替市場参加者は当然わかっているはずだが、一般的には意外と知られていない。

膨張する外貨準備＝円キャリートレード

既述のように、日本の円売り介入は財務省が債券を発行し市場から資金を調達することによって行われている。つまり通常の景気刺激のための財政支出と構造は同じである。財政赤字を膨らませることによって米ドル／円相場を押し上げようというわけである（前述の通り成功はしていないが……）。

結果的に財務省所管の外国為替資金特別会計は100兆円を超える円キャリー・トレードを行っていることになる（図表32）。現時点（執筆時点）での最新の数字は2010年3月末のものだが、米ドル／円相場が下落を続けてきたため、この時点（米ドル／円相場は93円程度）で

図表32　外国為替資金特別会計

（兆円）

資　産		負　債	
外貨証券	78.9	外国為替資金証券	104.5
外貨預け金	3.4	その他	10.8
外貨貸付金	1.4		
円貨預け金	21.6		
その他	4.3		
外国為替等繰越評価損	26.3	積立金	20.6
合計	135.9	合計	135.9

（出所）財務省

も、資産側の外貨証券や外貨預け金には既に26兆円程度の含み損が発生している。つまり、１０４・５兆円を借り入れて、外貨に投資しているが、円高が続いているために26・３兆円の含み損が発生している状態なのである。米ドル／円相場が80円を割り込んでいる状況では、含み損は40兆円近くになっていると考えられる。

言うまでもなく、この外国為替資金特別会計は巨額の金利リスクと為替リスクを抱えている。資産側にある外貨証券や外貨預け金等に為替リスクがあるのは当然で、今後さらに米ドル安・円高が進行した場合、含み損はどんどん増えていくことになる。さらに、金利リスクも膨大である。

前述のように、財務省はこの外国為替資金特別会計を使って、マーケットから円資金を調達して外貨準備に変えている。今はまだ日本の金利のほうが低く、外貨（主に米ドル）の金利のほうが高いため金利差による利益が得られるが、もし今後日本の金利のほうが米国の金利より高くなってしまったら、この外国為替資金特別会計は赤字を垂れ流し始める。日本の短期金利が米国の短期金利を1%上回るだけで年間1兆円の赤字である。「そんなことにはならないだろう」と思う方は、前出の図表23を見て欲しい。ほんの20年ほど前、日本の3か月物金利は米国のそれより2%以上も高かった。20年振りの日米金利差逆転が生じたら、日本の財政は非常に厳しい状況に置かれることになる。「もっと円売り介入を行え」と言うのは、こんな危険なポジションをさらに積み増せと言っていることなのである。

因みに、外国為替資金特別会計は外貨準備から得られるクーポン収入等を一般会計に繰り入れている。したがって、仮にクーポン収入を外国為替資金特別会計のなかで再投資してきていれば、これほど含み損は膨らんでいなかった。ただし、これは財務省が外国為替資金特別会計のなかで外貨準備の運用をきちんと行ってきたことの説明にはなるが、国として問題ないという話にはならない。クーポン収入は一般会計で既に使ってしまっているのである。国全体としては何の言い訳にもならない。

第1章で、為替相場は15~20年の長期で見れば購買力平価が成り立っていると説明した。また、過去20年間円が最も強く、米ドル/円相場が大きく円高・米ドル安方向に下落してきたのは、日米の物価の上昇率に大きな差があったからだとも説明した。

しかし、理論的には、だからこそ米国の金利は日本よりも高く推移してきたと言うこともできる。つまり、日本は外貨準備として巨額の米ドルを積み上げてきたが、米国債から得られるクーポン収入をしっかり外貨準備のなかに残してきていれば、日本の外貨準備はそれほど多額の含み損を抱えることはなかったのである。

このことは、今後日本の外貨準備が非常に深刻な状況に陥っていく可能性が高いことを示唆している。つまり、このまま日本でデフレが続き、米国のインフレ率が常に高い状況が続いた場合、米ドル／円相場は長期的に円高・米ドル安方向に下落することになるため、含み損は増え続けてしまうのである（もちろん、クーポン収入の一般会計への繰り入れをやめれば話は別だが……）。そして、さらに言えば、仮に日本のインフレ率のほうが米国よりも高くなった時、今度は長期的に米ドル／円相場は上昇を始め含み損は減少していくが、逆に日本の金利のほうが米国の金利より高くなるため、外為特会が逆鞘となり、巨額の赤字を垂れ流し始めるのである。

日本は過去の外貨準備からのクーポン収入を一般会計で使ってしまったツケをどのように払わされるようになるのだろうか。

介入で円安誘導などできない

時折、「為替相場を円安に誘導して景気をよくしなければならない」との声を聞く。しかし、こうしたコメントは、介入の効果が長期的には限定的で、その一方でどれだけ国家としてリスクを抱え込んでいるのかという問題を理解したうえでのコメントとは思えない。

そもそも、これだけ巨大なマーケットを操作できると考えること自体に無理があり、一時的に米ドル／円相場が円安方向に振れたとしても、その代償として次世代が負わされるものは非常に重たいものとなる。

マーケット参加者なら誰もが経験していると思うが、マーケットに対して奢った気持ちで対峙すると、必ずしっぺ返しを受ける。今は政府もそれを理解し、介入を実施することは少なくなったが、過去にマーケットを操作できると考えて行った行動の結果（外貨準備の積み上がり）は、必ず後世がそのツケを払わされることになるだろう。

学問の世界でも時折「介入には一定の効果がある」と主張する論文等が見られる。しかし、その主張はほとんど実務的には考えづらい前提を置いている場合が多い。例えば、介入は「ポートフォリオ・リバランス」を通じて効果を発揮するという考え方がある。これは、通貨当局が円売り介入でドル資産を購入すると、投資家のドル資産の保有量が減る。しかし、投資家はドル建て資産と円建て資産が完全に代替的と考えないため、減ったドル資産を増やして資産構成を元に戻そうとするためドル買いを行い、結果的にドルが上昇するという考え方である。

この理論は、あたかも投資家が通貨当局のドル買い介入により無理やりドル建て資産を売却させられていることを前提にしているかのようであるが、実務的にこのようなことはあり得ない。投資家はドルを売りたいから売っているのであって、もともとドル建て資産を減らしたいから売却しているのである。資産構成を元に戻すくらいなら、最初からドル売りなど行わない。

このほか、市場の予想を変化させる効果（シグナル効果）を指摘する声もある。こうした効果は短期的に相場の動きが明らかに投機的な取引によるものだけになっている時には一定程度あると考えられる。実は、協調介入が効くのはこの効果である。協調介入は2011年3月の大震災後もそうだったように、実際の金額は少額であることが多い。しかし日本の通貨当局の単独介入よりも効果があるのは、協調介入は滅多なことでは行われないからなのだ。つまり、相場の動きが誰の目から見ても（どの国の当局者から見ても）行き過ぎていてファンダメンタルズから乖離している時にしか行われないから効くのである。

しかも、「日本の通貨当局が円安を好ましい」と考えているなどという情報は、為替市場参加者であれば介入がなくても誰でも知っている話である。それでも中長期的に円高方向に相場が動くのは、市場参加者の投機的な動きだけで相場が動いているわけではないからである。シグナル効果だけで中長期的な相場のトレンドを変えることはできない。

ＳＷＦなどつくるべきではない

時々、日本の潤沢な外貨準備を使ってＳＷＦ（ソブリン・ウエルス・ファンド）をつくり、運用益を増やすべきだという議論も聞かれる。ＳＷＦとは政府が運用するファンドのことで、アジアや中東の国でこうしたファンドを持つ国がいくつかある。これらの国は財政黒字の積み上げや石油などの国有天然資源を輸出して得た代金を積み上げて、こうしたファンドをつくっている。

筆者はこうした国の真似をして日本がＳＷＦをつくるのは非常に無謀な行動だと考える。まず第1に、日本の外貨準備は富（ウエルス）ではない。前述した通り、日本の外貨準備は借金である。もし皆さんの友人が銀行からお金を借りて、そのお金を米ドルに換えて手元に持ちながら、自分は金持ちだと言っていたらどう思うだろうか。おそらく冷静に、「それは借りてるお金なのだからちゃんと返したほうがいいよ」と諭すであろう。

第2に、これほど巨額の資金を運用するのには無理がある。「100兆円規模の資産をうまく運用して1％の超過利益を上げれば1兆円の収入増になる」と考える人もいるかもしれないが、100兆円規模の資産をうまく運用することなど不可能である。このうち1000億円程度をうまく運用して1％の超過利益をあげることは可能かもしれない。しかし100兆円規模ではそんな膨大な資金を投入できる市場さえ存在しない。

第3に、うまく運用してくれる人を雇うにはコストがかかる。有能なファンド・マネージャーなら1000億円をうまく運用して、これまでより1％多い超過利益（つまり10億円の超過利益）を稼いでくれるかもしれない。ただし、こうした有能なファンド・マネージャーを雇うのにはおそらく年間1億円以上はかかるだろう。政府は、1億円以上の給料を払ってまで有能なファンド・マネージャーを雇う覚悟があるのだろうか。

介入は産業界に間違ったメッセージを送っている

時折、「それでも円売り介入を行えば、たとえ一時的にせよ円安になって、時間稼ぎができ、その間に景気の回復が期待できるのではないか」と言われることもある。これは1990年代半ばからずっと言われている議論である。

しかし、これだけ大量の円売り介入を行い、外貨準備を積み上げてきた結果、結局米ドル／円相場は戦後最安値を更新している。加えて、外貨準備の含み損は財政赤字並みの規模まで膨らみ、日本経済は相変わらず停滞している。こうした実情に鑑みると、「時間稼ぎ」とは一体何に対する時間稼ぎで、どの程度のタイムスパンでの時間稼ぎだったのかと疑問を感じるのは筆者だけではないだろう。

また、やや中長期的に見ても、大規模介入を終了した後に、結果的に円安方向に数年間動いたことをもって、円売り介入を正当化する議論がある。しかし、それは前述した通り、円売り介入が投機的な円買いを誘発し、日銀による流動性の提供が終わった後、投機筋がポジションの手仕舞いに動いたために円安になっている部分が大きい。仮に、マクロ経済的に見て、大量に円を売ったのだから、そのあと円安になるということが正しかったとしても、これまでの経緯を見れば、その効果は一時的（2～3年程度）でしかなく、結局日本のデフレが続いているのであれば、長期的には再び円高に振れてくる。この意味では時間稼ぎになっているのかもしれないが、では、円安バブルになった2005～07年の「時間稼ぎ」の間、日本は何をやったのだろうか。

また、中長期的なスパンで見ても、大量介入後の1997～98年と2005～07年の極端な円安方向への動きと、その後の反動のような99年と08～09年の急激な円高は、大量の円売り介入が市場を大きく歪めてしまい、ボラティリティを高くしているだけではないかとも考えられる。

日本の貿易黒字は1998年と2007年に増加している。これを見て大量の円売り介入が多少の時間差をもって短期間ながら円安の流れを誘発し、その時間稼ぎの間に貿易黒字が増加したことを喜んでもよいのだろうか。通常、人為的にせよ為替相場を円安方向に持っていくことに肯定的な見方をする場合、既存の輸出企業がこれまでと同様の貿易取引によって得た外貨の円換算だけを考える。もちろん、円安になれば受け取った外貨を両替して受け取れる円が多くなるためメリットを受ける。一時的にせよ円安に振れて円建て貿易黒字が増加するのだからよいではないか、と言いたくなる気持ちはわかる。

ただし、仮に極端かつ人為的な円安進行により、円相場はこのまま円安が続くと勘違いして外貨投資を行ったり、新たに円安水準でしか採算の取れない不効率な輸出によるビジネスを始めてしまった人たちはどうなるだろうか。こうした人たちは政府が行ったその場しのぎの政策に惑わされ、その後の反動で訪れる円の急騰により、結果的に多額の損失を被ってしまうのである。つまり、介入は日本の投資家や産業界に間違ったメッセージを送ってしまうことになるのだ。

鏡の向きを変えても意味はない

長期的に米ドル／円相場が円高方向に徐々にシフトしてくるのは、日本の物価上昇率が長期的に他国に比べて低いことが大きく影響している。つまり、円売り介入を行って付け焼刃的な対応をしても、いたずらに外貨準備を積み上げてしまうだけで、結局は再び円高になってしまい、日本が抱える為替含み損は膨らむ一方ということになる。本当に必要なのは、円売り介入のような表面的な政策ではなく、根本的な内需喚起策など、為替相場が多少変化しても影響を受けない強い経済をつくる政策なのである。

問題は米ドル／円相場が円高方向に進んでいることではなく、相場がそういう動きをしてしまっている経済のファンダメンタルズのほうにある。ファンダメンタルズが歪んでいるから相場も一方向に歪むのだ。鏡に映っている自分の姿を見て、「こんなはずじゃない」と鏡の向きを変えても意味がない。マーケットは経済の実態を映す鏡。映っている姿がおかしいと思うこともあるかもしれないが、それは鏡が悪いのではない。

これが為替相場の場合はなおさらである。為替市場ほど巨大な市場は他にはない。前述した通り、特に先進国の通貨は当局が操作しようと思っても操作できないほど巨大である。したがって、鏡が意図的に歪められることはほとんどなく、歪んでいるのは実体経済のほうなのである。

今後も介入が行われる可能性が低いと見る理由

筆者は２００７年11月に、それまでの円安見通しから円高見通しに転換して以降、以前のように頻繁に米ドル買い・円売り介入は実施されないと予想してきた。そして実際に04年3月の介入以降、米ドル／円相場は70円台まで大きく下落したが、介入が行われたのは、本稿を執筆している11年8月時点までたったの3回である（ただし、8月の3回めの介入が1日だけの介入であったかどうかは現時点で確認はできていない）。筆者が、介入が行われる可能性が近年著しく低下していると見る理由は以下の通りである。

①国際協調の観点

近年、G7が盛んに中国の為替政策を非難し続けているなか、G7のメンバーである日本が自国通貨売り介入を実行するのは困難になってきている。しかも、実質実効レートで円は、依然として1970年以降の平均程度にあることに鑑みればなおさらである。

②膨張する外貨準備

前述の通り、日本の外貨準備は借金で賄われており、円キャリー・ポジションの規模は100兆円にも上っている。このキャリー・ポジションは多額の含み損を抱え、キャリー収益も減少している。個人の証拠金取引のレバレッジに上限規制を課す一方で、国は無限大のレバレッジ取引（国は個人のように担保を提供していない）を行っているわけであるから、日本の通貨当局がこれ以上ポジションを膨らませるのを躊躇するのは当然であろう。

③経験則

そうは言っても、既に100兆円もポジションがあるのだから、あと2～3兆円程度の円売り介入をしても大差はないであろう、という声も聞かれるかもしれない。筆者も同感である。あと2~3兆円追加的に外貨準備（円キャリー・ポジション）を膨らませたとしても、ここまでひどい状況になってしまっていたら大差はないであろう。しかし、2~3兆円程度の円売り介入に何の意味があるのか。今よりずっと市場規模が小さかった1990年代半ばに2か月間に2・3兆円の集中的な円売り介入を行ったが、米ドル／円相場は上昇するどころか暴落した。2003~04年も14か月間で35兆円もの円売り介入を行ったが、その間米ドル／円相場は12％程度下落している。そんな経験があるなかで、日本の通貨当局が2~3兆円程度の介入を実施したところで意味がないと考えるのは当然である。

④ 米ドル／円相場の位置づけの変化

詳細は後述するが、以前に比べ米ドル／円相場の日本経済に対する影響度は低下していると考えられる。日本企業全体で見ると、米ドル売りよりも米ドル買いのほうが多くなっている。つまり、米ドル／円相場が下落すると日本経済にマイナスの影響を与えるというのは既に過去の話で、現在には当てはまらない。日本経済にとっては米ドル／円相場より韓国ウォン／円相場のほうが重要になっているのである。

円売り介入は円買い介入より楽

介入に関する論点でもう1つだけ付け加えておきたいことがある。それは筆者が日銀で介入事務を行っていた時に当時の上司が教えてくれた話である。我々は当時、必死にドル買い・円売り介入を行っていて、他国と協調介入を行ったり、毎日大変な思いをしていたが、ある時ふとその上司が「でも、円売り介入は、円買い介入に比べれば精神的なプレッシャーが少ないんだよな」と呟いたのである。

円売り介入は前述した通り、短期国債を発行して円資金を調達して行う。多少不謹慎な言い方だが、ある意味やろうと思えばいくらでもできる。他国に協調介入を依頼する時にも、「皆さんが外貨準備に保有している円はだいぶ上昇していて、利益が出ているでしょうから、この辺で利食いませんか?」といった感じでお願いすることができる。他国の中央銀行にとっても悪いことではない。

一方、極端な円安が進行した場合、円買い介入を行う時の原資は外貨準備である。これも前述の通り、日本は100兆円規模の外貨準備を保有しているため一見問題がないようにも見えるが、2003~04年に35兆円もの円売り介入を行っても結局は円高になったことを思い出して欲しい。100兆円の外貨準備から35兆円を使ってしまった時、残りは65兆円である。それでも円売りが止まらず、追加的に円買い介入を続けたら、おそらく外貨準備はすぐにもともとあった額の半分の50兆円に減ってしまう。この時、日本が円買い介入に使えるのは残りの50兆円だが、マーケットは「全部使うことはできないだろう」と考え始めるだろう。そうなると、投機的な円売りが始まり、円の下落はさらに加速してくる。これはかなり危機的な状況になる。他国に協調介入も頼みづらい。何しろ、市場参加者は皆、円はさらに下落すると考えている時に、「申し訳ありませんが、市場参加者がもっと下落すると信じている円を買ってもらえませんか？」とお願いしなければならない。円買い介入は原資も限度が限られていて、かつ協力も頼みにくいので精神的に厳しくなるのである。

因みに、「通貨危機」に見舞われた国は、すべてこうして危機に陥ったのである。

第 9 章

「対米ドル」相場一辺倒の時代は終わった
――これからの為替市場と政策課題

為替市場とそれを取り巻く環境は、以前とかなり変わってきている。筆者が為替市場に関わり始めた1994年頃は、まだユーロなどという通貨はなく、ドイツ・マルク、フランス・フラン、イタリア・リラ、ギリシャ・ドラクマといった欧州通貨が個別に取引されていた。東京外国為替市場では昼休みの慣行もあった。今主流になっている電子ブローカーは徐々にシェアを伸ばしていたが、当時はまだボイス・ブローカー（電話でやりとりをするブローカー）が主流だった。個人がインターネットを通じて為替の取引をするなどとは考えてもみなかった。

為替市場を取り巻くマクロ経済も変化している。1994年当時の日本の輸出と輸入を合わせた総額は68・6兆円だったが、2010年は128・2兆円と倍近い額になっている。95年の輸出相手国の内訳を見ると、最も多く輸出をしていた相手国は米国で、シェアは27・3％であった。10年の輸出相手国ナンバーワンは中国でシェアは19・4％、米国は2番目でシェアは15・4％と15年前と比べ10％ポイント以上落ちている。一方、95年当時輸入相手国ナンバーワンは米国でシェアは22・4％であったが、2010年の輸入相手国ナンバーワンは中国で、やはりシェアは22・1％、米国は2位だがシェアは9・7％まで大幅に低下しており、3位の豪州（シェア6・5％）との差は縮まってきている。

このようにマクロ経済も過去15年程度で大きく変化しているのであるから、為替相場が日本経済に与えるインプリケーションも以前とは変化しているはずである。

米ドル／円相場の下落は日本企業の収益にプラス

「米ドル／円相場が米ドル安・円高方向に下落すると、日本の企業収益にマイナスで日経平均株価も下落する」というのは、日本の経済界では常識になっている。しかし、図表33と34を見て欲しい。それぞれ日本の製造業の経常利益と米ドル／円相場の関係を示したものである。1980年頃から両者の関係を見ると、87〜95年頃の相関が最も高くなっている（図表33）。米ドル／円相場が円高・米ドル安方向に下落すると製造業の経常利益が減少するという関係である。

しかし、それ以外の期間ではそれほど強い関係は見出せず、最近の10年間に限って見ても、ほとんど関係がないように見える（図表34）。

米ドル／円相場と企業収益の相関が薄れてきているのは、各企業による為替リスク削減の動きや、コスト削減といった企業努力等が影響しているとも考えられるが、それ以上に日本の貿易構造の変化が大きく影響している可能性が考えられる。財務省の通関統計をもとに2010年の通貨別貿易収支を計算すると、日本企業による米ドル建て輸入額（43・6兆円）は米ドル建て輸出額（32・9兆円）を上回っており、結果的に10・7兆円の米ドル買い超となっている（図表35）。

図表33　製造業・経常利益と米ドル／円相場の関係
（1987年～1995年）

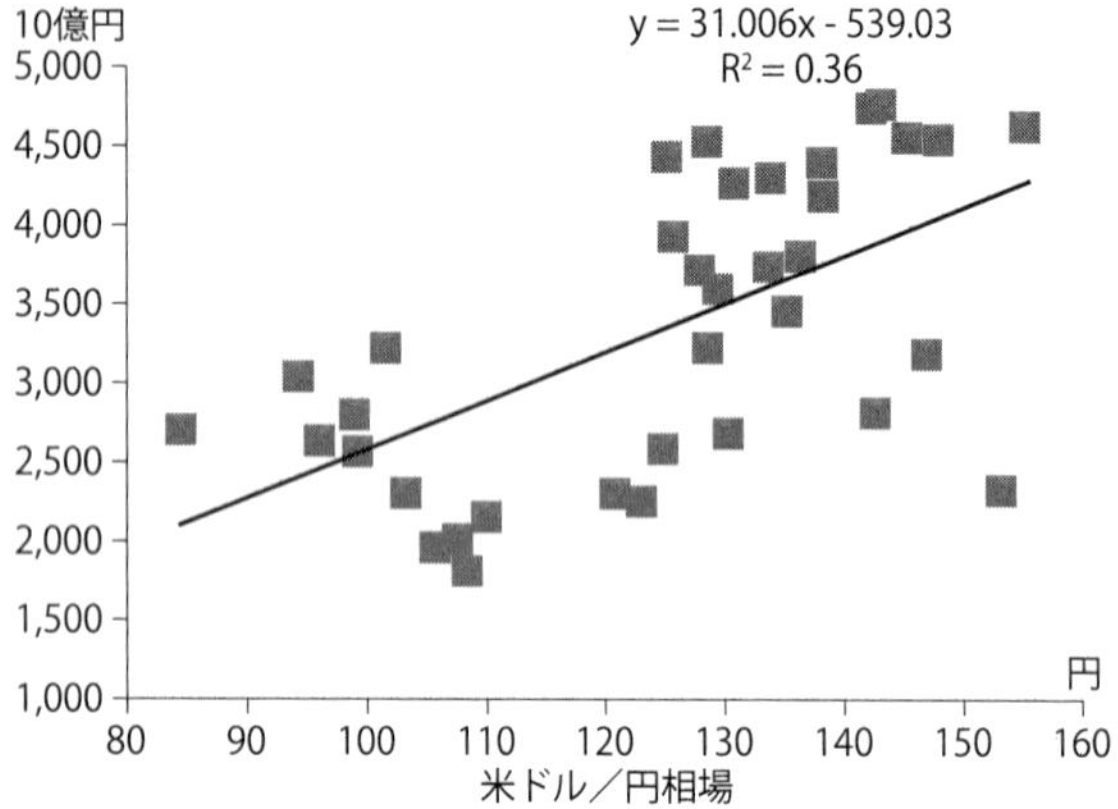

（出所）財務省、米ドル／円相場は期中平均値

つまり、米ドル建てで行われる貿易の収支は輸入のほうが多くなっているのである。

米ドル建てで行われる貿易は、必ずしも米国との貿易だけを意味するわけではない。中東から輸入する原油は米ドル建てだし、その他米国以外の国への輸出代金の受け取りも米ドル建てであったりする。米ドル建て貿易では、輸入のほうが輸出より多いということは、別の言い方をすると、米ドル／円相場が米ドル安・円高方向に下落すると、企業の輸入コストが減少して、日本企業収益全体に対してプラスの効果を与えているということである。もちろん、今でも多くの日本の輸出企業が米ドルの売り超であり、米ドル／円相場が円高・米ドル安方向に下落すると困る先が多いと考えられる。しかし近

図表34 製造業・経常利益と米ドル／円相場の関係
(2001年〜2011年第1四半期)

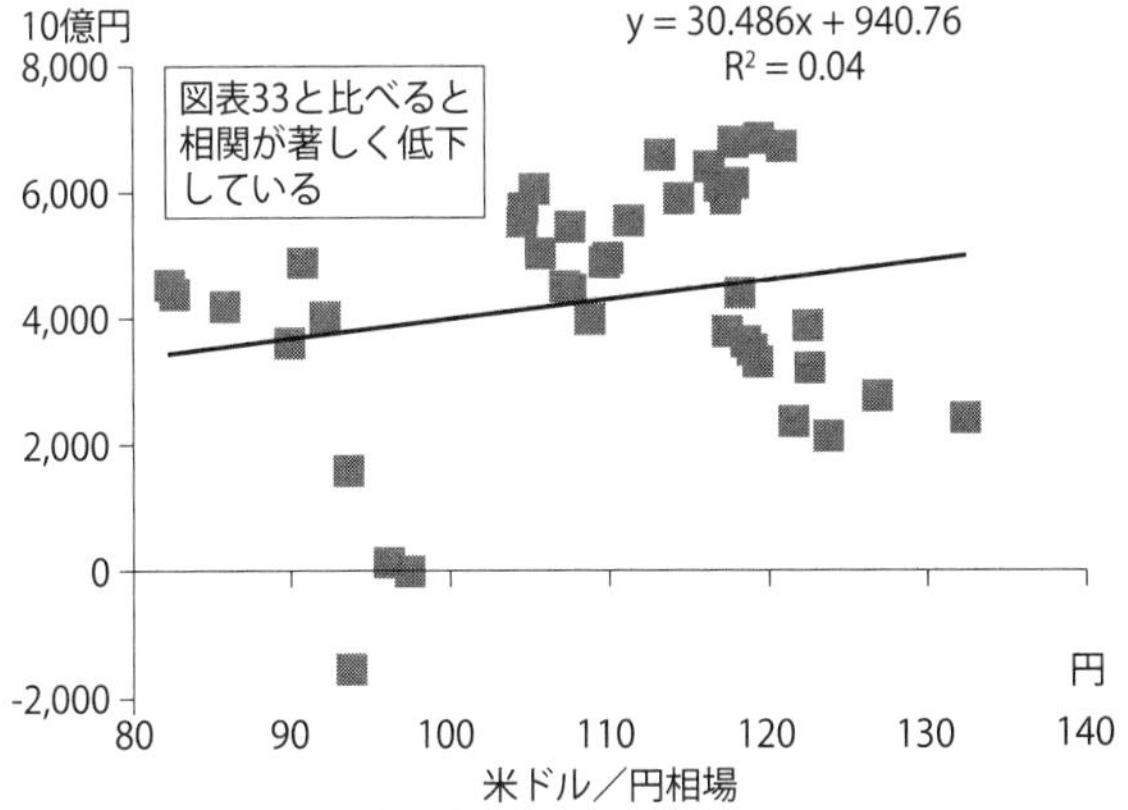

（出所）財務省、米ドル／円相場は期中平均値

年、米ドル建ての輸出が減少することによって、輸入企業を含めた日本企業全体で見ると実は米ドル買いのほうが多くなっているのである。

このような構造変化が発生している原因は、輸出全体に占めるアジア向け輸出の比率が上昇していることが主因と考えられる。

残念ながら通貨別の輸出入額は過去約10年程度しか遡ることができず、10年前の時点でも既に小幅米ドル買い超になっているほか、貿易収支の額も年によって異なるため詳細かつ厳密な分析は困難だが、10年前も現在も、米国向け輸出は9割弱が米ドル建てで、アジア向け輸出は半分が米ドル建て、半分が円建てとなっており、各々の国・地域向けの輸出の通貨構成に変化が生じているわけではなさそうである。しか

図表35　通貨別貿易収支（2010年）

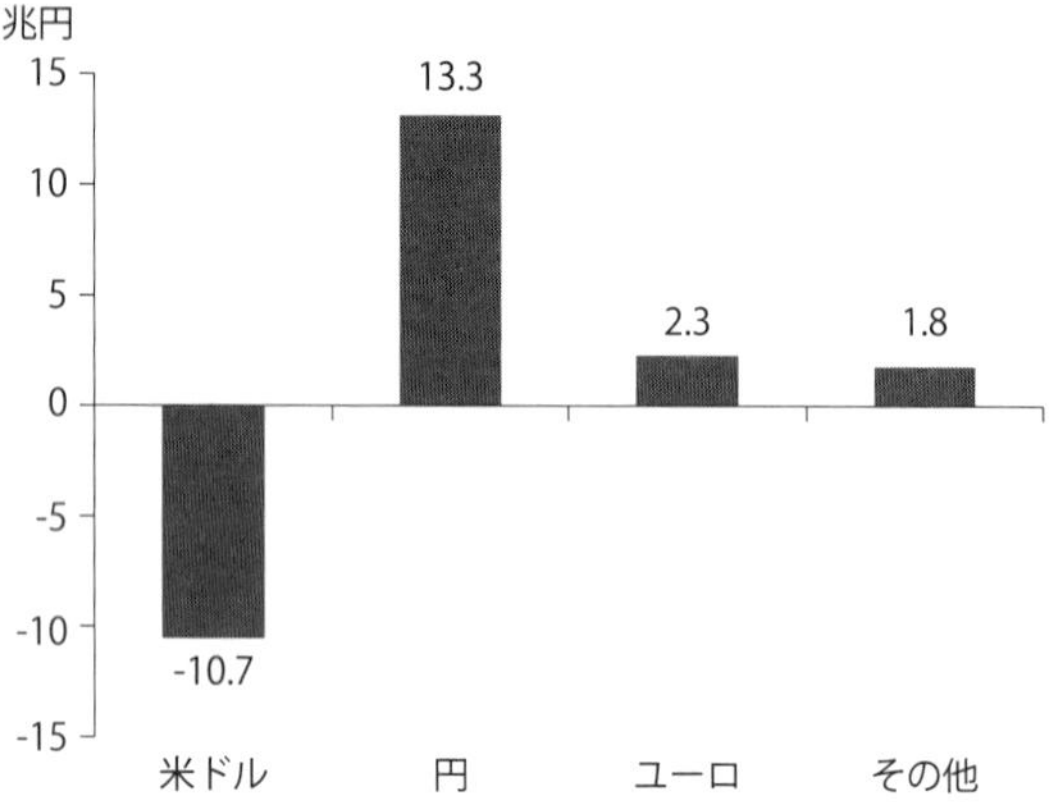

（出所）財務省

し、輸出先は大きく変化しており、過去約10年間でアジア向け輸出が増加（全体に占める比率が概ね40％から50％に増加）した一方で、米国向け輸出が減少している。この結果、輸出全体に占める米ドル建て比率が減少しているということである。

これまで、「米ドル／円相場下落＝本邦企業収益にマイナス＝日経平均株価下落」という構図が常識とされてきた。しかし、実は日本の貿易構造は既に大きく変化を遂げており、これまで常識とされていたことが必ずしも事実ではなくなっているのである。時々、筆者がこうした状況を説明すると、「大企業はそうかもしれないが、中小企業はまだ米ドルは売り越しとなっているのではないか」と言われたりする。

しかし、これはあまり考えられるケースではない。もし、それが本当なら、大企業が原料等を海外から輸入して部品をつくり、中小企業がそれを輸出している、といった構図になってしまう。実際、内閣府経済社会総合研究所が公表した『平成22年度企業行動に関するアンケート調査報告書』のなかの、米ドル／円相場の採算レートに関する調査によれば、資本金100億円以上の企業（86・5円）も資本金10億円未満（86・8円）の企業も採算レベルに大きな違いはなかった。

もちろん、米ドルが依然として売り越しとなっていて、米ドル／円が下落すると収益が圧迫される輸出企業は依然として多い。しかしデータが示しているのは、日本企業全体では米ドル／円は買いのほうが多くなっていて、米ドル／円相場は米ドル安・円高方向に下落したほうがコストが低下してメリットがある構造に変わってきているということなのである。

2010年8月27日に、経済産業省が「円高の影響に関する緊急ヒアリング」という調査結果を発表した。このなかで、経済産業省は「輸出製造業を中心に102社」に調査を行った結果、「米ドル／円相場の円高で製造企業の約6割が減益となると回答した」との結果を公表した。これは逆に、輸出製造業のなかでも米ドル／円相場が円高となっても「約6割しか減益にならない」と読み替えることができる。日本には輸入企業も数多くある。10年の輸出総額は67・4兆円であったが、輸入総額は60・8兆円である。米ドル／円相場が円高となっても輸出企業の6割しか減益にならないのであれば、輸入企業も合わせれば米ドル／円相場の円高は日本企業全体にとってプラスになっていると考えられる。

米ドル／円相場より円／ウォン相場のほうが重要

日本企業全体で見ると既に米ドルの買いのほうが多くなっていて、「米ドル／円相場の下落は、企業収益にとってプラスの効果を与えている」という議論は、決して「円高のほうが企業収益にメリットがある」ことを意味しているわけではない。「米ドル安のほうが企業収益にメリットもある」ということを意味しているのだ。

時折「円高のほうが国益」という主張が聞かれる。筆者も日本が資源の多くの部分を輸入に頼っていることに鑑みると、「長期的に大幅な円安が続く」ことが国益とは思えない。長期的に見ると、円相場は均衡レートから若干高いくらいのところで安定するのが一番国益に繋がると考えている。

ただし、日本は今でも貿易黒字国であるため、「円安のほうが企業収益にメリットがある」ことには変わりがない。ただ、図表35が示す通り、日本の企業収益全体にとってポジティブに働くのは対米ドルでの円安ではなく、対米ドル以外での円安なのである。特に図表35から円建て輸出の輸出超過幅が大きいことがわかるが、これはほとんどアジア向けである。したがって、日本企業の収益増加に必要なのはアジア通貨に対する円安なのである。

特に重要なのは、円／韓国ウォン相場である。図表36が示す通り、近年、日経平均株価との相関は非常に高くなっており、米ドル／円相場との相関よりも高い。日本は韓国に対して比較的大きな貿易黒字を計上しているほか、日本の輸出企業の多くは世界中で韓国企業との競争に晒されている。こうした点に鑑みれば、円／韓国ウォン相場と日経平均株価の相関が強いことは納得できるのである。

韓国ウォンの水準が適正レベルから見て割安な水準にあれば、韓国は世界中で自国の製品を割安に売ることができる。その時影響を受けるのは、世界中で韓国製品との競合に晒されている日本製品、つまり日本の輸出企業であり、その逆も言える。日本経済全体の先行きを考えるのであれば、今後は米ドル／円相場よりも円／韓国ウォン相場を見ていく必要があるということだ。

企業収益との相関を見ても、近年、円／韓国ウォン相場と企業収益の相関は高くなっている。図表37は過去10年間の日本の製造業の経常利益と円／韓国ウォン相場との相関関係を表したものだが、前出の図表34で示した米ドルとの相関と比べると韓国ウォンとの相関が明らかに高くなっていることがわかる。また、図表38は製造業の経常利益と円の実効レートの相関を表したものだ

図表36　日経平均と円／韓国ウォン相場

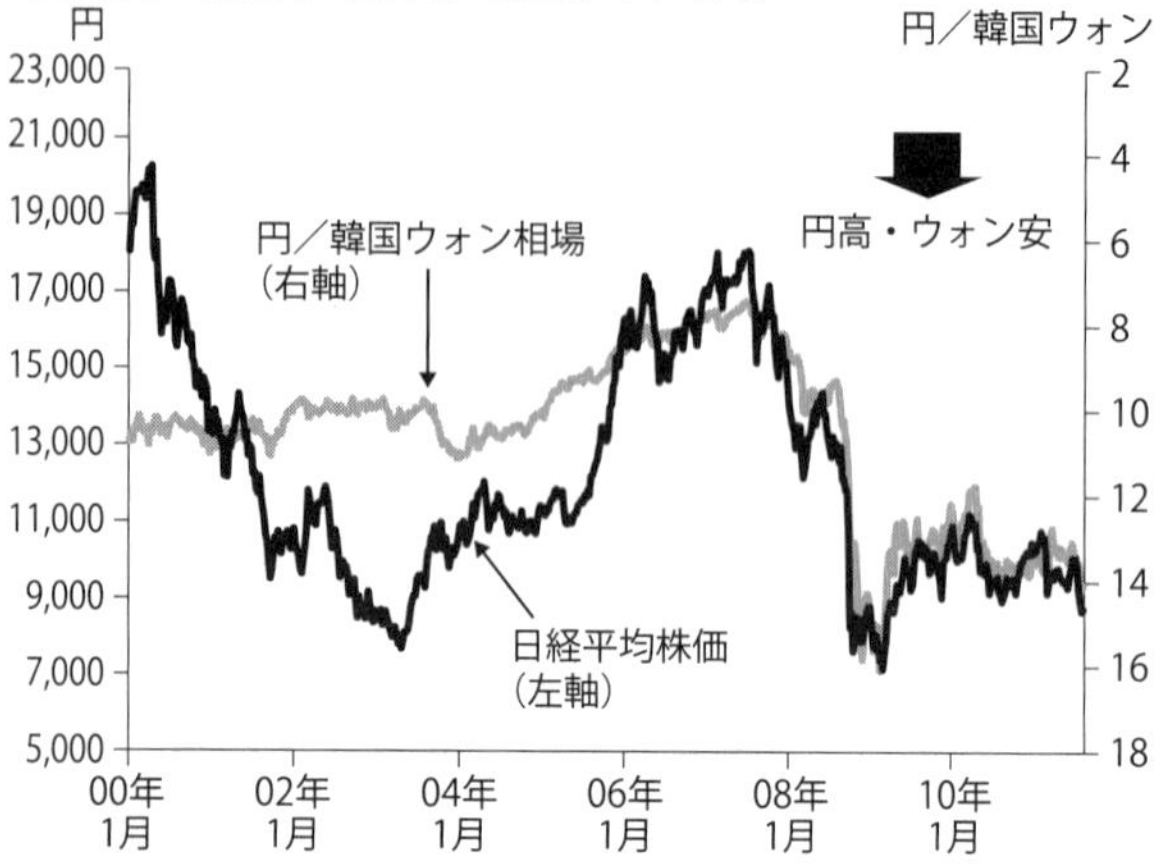

（出所）J.P.モルガン

が、こちらも比較的相関が高くなっている。

つまり、これらを総合すると、「日本の企業収益にとって米ドル／円相場の下落は既にネガティブではなくなっているが、円安が企業収益にプラスに働くことは事実である。ただし、それは対米ドルでの円安ではなく、米ドル以外の通貨に対する円安が必要となる」ということである。特に「韓国ウォンに対する円安は企業収益に大きなメリットがある」ということになる。

この件を為替介入に絡めて見ると、もう1つ重要な点が浮き彫りになる。為替相場から来るインプリケーションとして、日本にとって重要なのは、もはや米ドル／円相場ではなく、円／韓国ウォン相場である。ただし、韓国は依然として韓国ウォンが上昇する局面では韓国ウォン

図表37 製造業・経常利益と円／韓国ウォン相場の関係
（2001年〜2011年第1四半期）

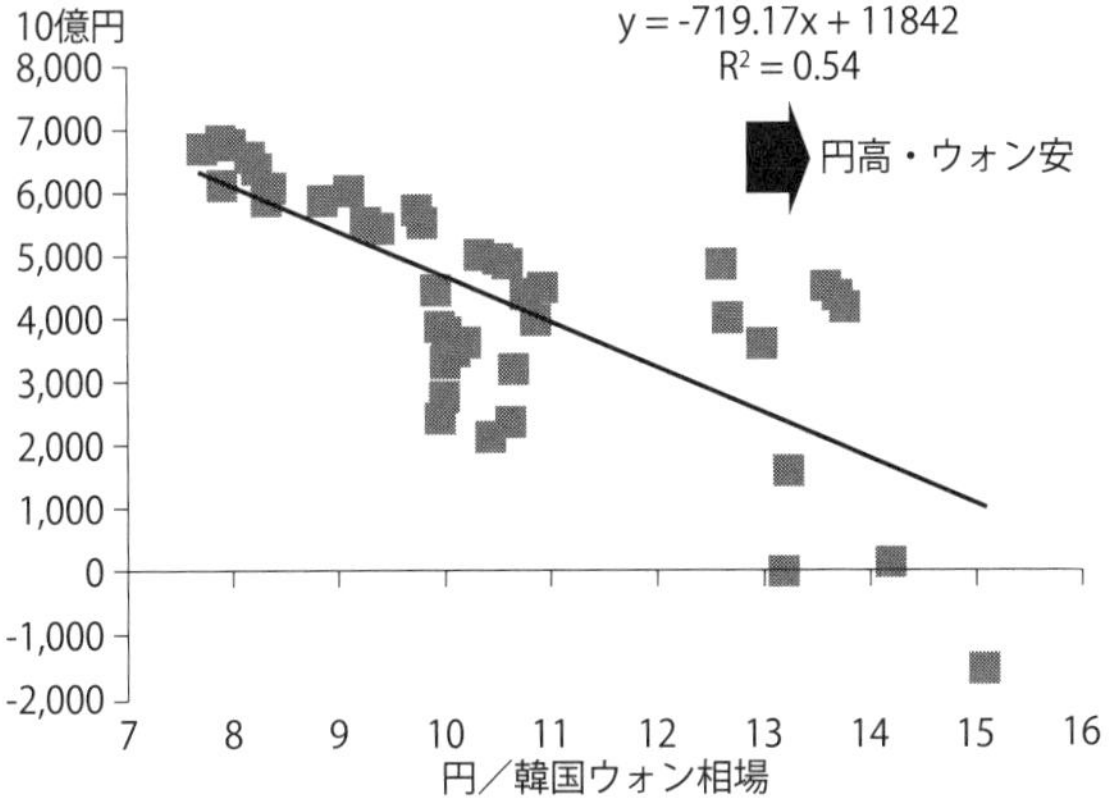

（出所）財務省、円／韓国ウォン相場は期中平均値

売り介入を行ってその上昇を緩やかにしようとする（韓国中銀は介入は行うが、中国よりは圧倒的に変動を許容している）。したがって、日本が政策として採るべきなのは、韓国に介入をやめさせ、韓国ウォンが上昇するように促すこと。G20会議等で米国やその他G7諸国と一緒になって、中国に加え、韓国にもウォン上昇を許容することを説得するほうが、米ドル／円相場に介入するより得策なのである。日本が頻繁に米ドル／円相場に介入するようなことをすれば、中国や韓国に対する説得力は全くなくなる。したがって、米ドル／円相場に介入をするのでなく、米国と一緒に中国や韓国を説得する側に回るべきと考える。

図表38　製造業・経常利益と円実効レートの関係
（2001年〜2011年第1四半期）

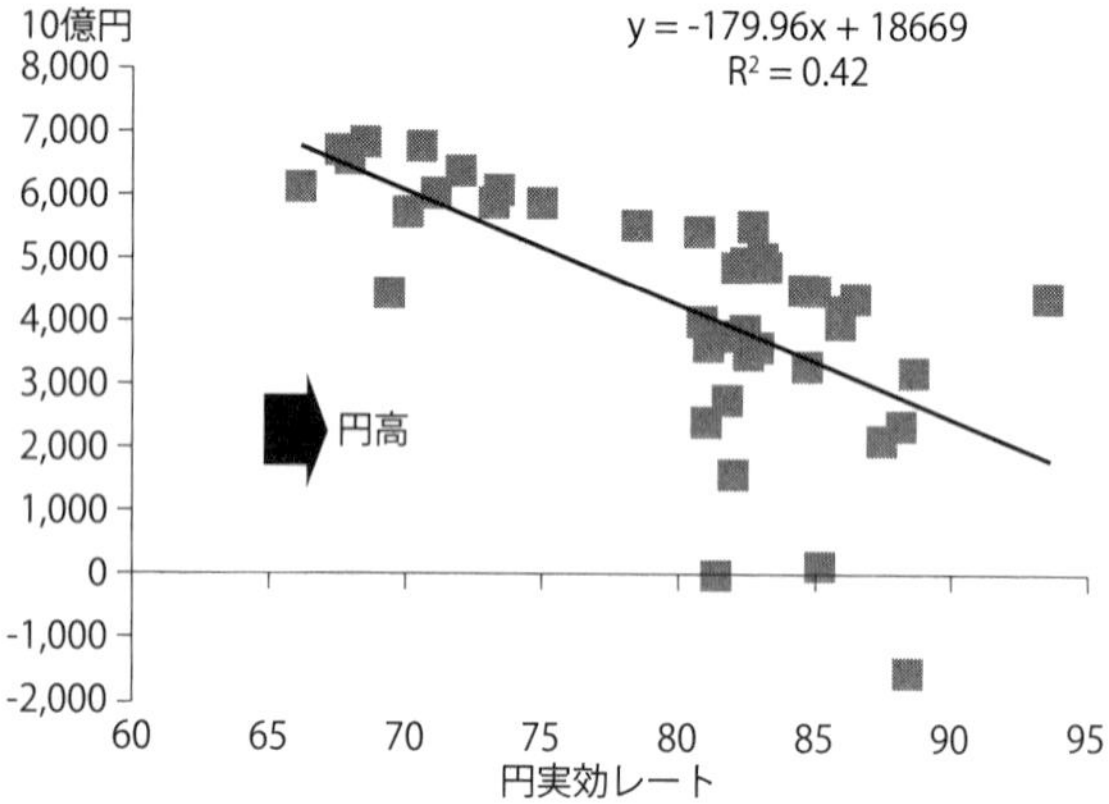

（出所）財務省、円実効レートは期中平均値

予測と希望的観測は異なる

筆者は２００７年11月にそれまでの円安見通しを円高見通しに変更して以降、一貫して米ドル／円相場は下落すると予想してきた。その背景はすでに本書を通じて説明してきたが、簡単に言ってしまえば、米国の金融システム危機、欧州周辺国の財政問題を受けて、市場がリスク回避的になる時には円が最も強い通貨になってしまうからである。つまり、「円高」を理由に米ドル／円相場が下落すると予想してきたのだ。そして、10年11月以降は、米国の金融システム危機や欧州周辺国の財政問題を受けて不安定化した市場が安定を取り戻し、この間主要国中央銀行が実施してきた超金融緩和政策のお蔭

で溢れ返っている過剰流動性をもとに活発な投資が行われるようになると予想を変更し、その結果、米ドルと円は弱い通貨となると予測したのである（前掲の図表1－8参照）。ただし、この時、米国の中央銀行であるFRBが利上げを行えない状況下では、米ドルは円よりも弱くなり、最弱通貨となるため、結果的に米ドル／円相場は下落を続けると予想してきた。

このように米ドル／円相場が米ドル安・円高方向に進むとの予想をすると、世の中には筆者が米ドル／円相場が下落したほうがよいと思っていると誤解する人が結構いるようだ。参考までに記しておくと、筆者は個人的に米ドル／円相場が米ドル高・円安方向に大幅に上昇してくれると非常に助かる。と言うのも筆者は米国の銀行に勤務していて、収入の一部が米ドル建てで決まっているからである。

実際、日本では、為替相場の予想に感情が入り込むケースは少なくない。「どちらに動くと予想するか」ではなく、「どちらに動いて欲しいか」に基づいた解説が行われることがよくあるのだ。これを通常は「ポジション・トーク（例えば、自分が米ドルを買い持ちにしている場合、自分に利益が上がることを期待して米ドルが上昇するだろうと予想する）」と呼ぶが、日本の場合、「ポジション・トーク」というよりは「感情トーク」のように感じることさえある。つまり、米ドル高・円安に動いても自分は特に利益は出ないのだが、「そうあるべきだ」と思い込んで米ドル／円相場が上昇すると予想するのである。

これまで本書を通じて解説してきたように、為替相場は長期的には人口でも国力でも決まらない。したがって、「日本の人口がこれから減少していくのだから円が買われるのはおかしい」とか、「日本で震災が発生して円が買われるのはおかしい」「日本の国力からして円が買われるのはおかしい」などと言っても仕方がないのである。為替相場はそんなことで決まっているわけではない。中期的には主に貿易や資本のフローがどちらに向かって流れているかで決まり、長期的には主に物価の上昇率の差で決まる。であるから、本当に円高傾向を止めたいのであれば、第1にデフレを止めること、第2に日本の投資家・企業がリスクを積極的に取れるような環境をつくり、対外投資を進めやすくすることである。

通貨の価値は物の価値の反対側に位置する

為替相場は国力を映す鏡ではない。単なる通貨と通貨の交換レートである。通貨の価値は物の価値の反対側にあるもので、物の価値が下がることは通貨の価値が上がることを意味する。物の価値が上がることは通貨の価値が下がることを意味する。15～20年単位で見れば、為替相場、つまり通貨と通貨の交換レートは、その国の物価上昇率の差で概ね決まることは明らかであろう。

図表39　物価の変化と為替相場の関係

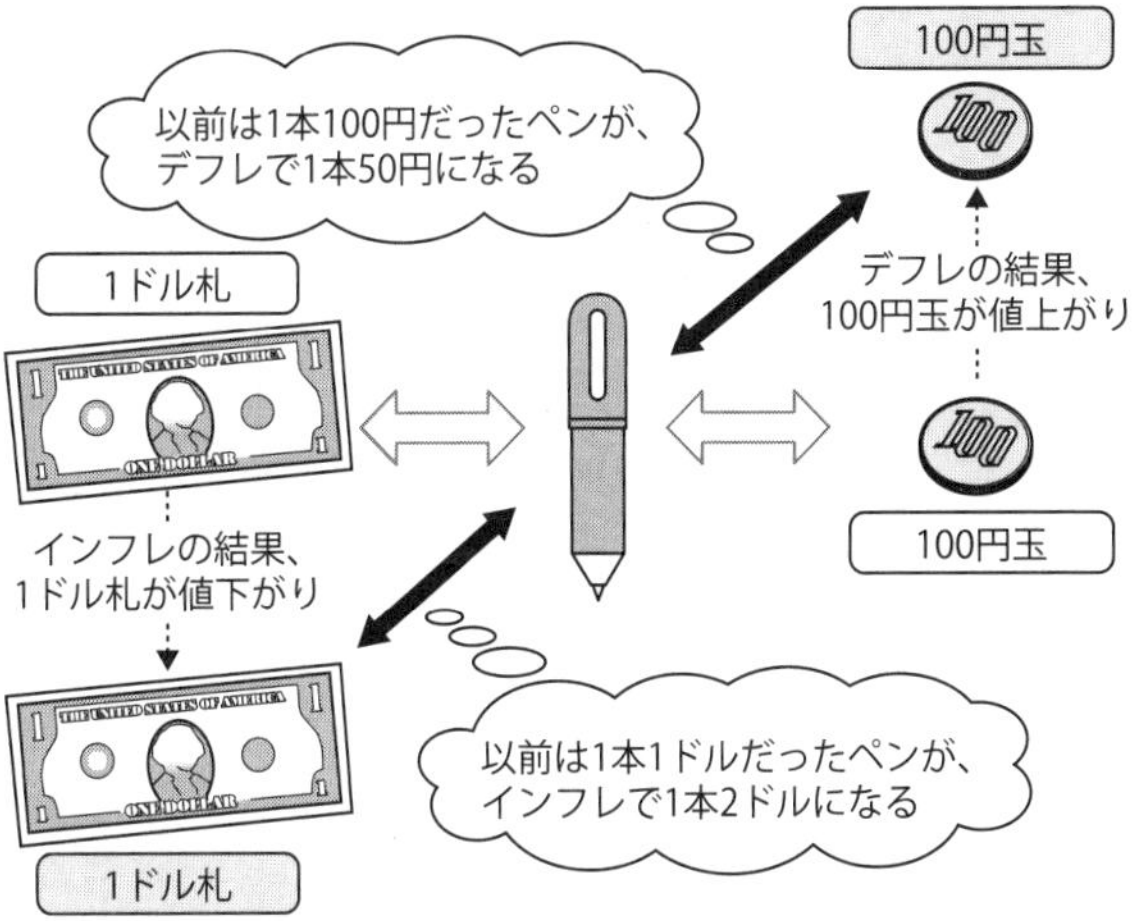
100円玉
以前は1本100円だったペンが、
デフレで1本50円になる
デフレの結果、
100円玉が値上がり
1ドル札
100円玉
インフレの結果、
1ドル札が値下がり
以前は1本1ドルだったペンが、
インフレで1本2ドルになる
1ドル札

過去20年間、円が主要国通貨の中で最も強かった理由は、日本の物価上昇率が他国に比べて相対的に低かったからだということは、第3章でも簡単に説明した。ここでは、簡単な図を使って、なぜ為替レートは長期的には物価上昇率の差で決まり、日本の物価上昇率が他国に比べて相対的に低かったことがなぜ円を強い通貨にしたのかを、改めて説明したい。

図表39を見て欲しい。以前は1本100円だったペンがデフレで50円になったとする。通常、ペンが値下がりしたと言う時、ペンのほうに注目してしまうが、ここでは100円玉のほうに注目してもらいたい。ペンも100円玉も材質に全く変化がないのに、以前は100円玉1個でペンと交換できたのに、デフレでペンが

1本50円になったのだから、100円玉1個でペンが2本買えるようになったのである。つまり、デフレの結果100円玉の価値が値上がりしたと考えることができる。

一方、米国ではインフレの結果、1本1ドルだったペンが2ドルになったとする。ここでもペンの価格ではなく1ドル札のほうに注目して欲しい。以前は1ドル札1枚でペンと交換できたのに、インフレの結果1ドル札は2枚ないとペンと交換できないようになってしまった。つまり、インフレの結果1ドル札の価値が値下がりしたのである。

ここまで説明すると、デフレが続く国の通貨とインフレが続く国の通貨の交換レートがどのように変化するかがわかるであろう。1本のペンを通して見れば、デフレの国の100円玉のほうがインフレの国の1ドル札よりも強くなっていることがわかる。だから、これからも日本でデフレが続くのであれば、10~20年の長いスパンで見れば円高傾向は続くのである。

なぜ、日本の物価上昇率が他国に比べて相対的に低いのかに関する詳細な分析はエコノミストの仕事だが、為替ストラテジストの目から単純化すると、日本は輸出企業が外で稼いできたお金が日本国内でうまく使われていないからではないかと見える。非常に単純化した図式で言えば、日本の輸出企業が外で稼いできたお金が、輸出企業に働く従業員に支払われ、そのお金が消費に回ったり、銀行の預金に回る。消費に回るお金も最終的には銀行預金になるので、銀行が企業に貸出しをすることによって経済が動いていく。しかし、今の日本では先行きに対する不安から、消費に回るお金は少なく、企業からの借入れ需要も多くない。したがって、銀行預金が積み上がり、結果的に銀行は国債への投資を増やさざるを得ない。

円高の本当の原因に目を向けよう

第3章で無理やりインフレを引き起こすような政策は採るべきではないと指摘したが、不自然な形でのインフレを引き起こすくらいなら、現状のような物価がほぼ横這い程度で推移している世の中のほうがよほど幸せである。しかし、デフレの根本的な理由が国の非効率的なお金の使い方にあることを考えると、そこは改善の必要があると考えられる。せっかく輸出企業が海外で稼いできたお金が、結局国内では非効率なお金の使い方をする政府に貸出されることになってしまっている。国内でお金が効率的に使われることがなく、経済が活性化されないことが、結果的に健全な形での物価の上昇、経済の活性化に繋がらないのではないだろうか。

繰り返しになるが、前述した通り、今や日本経済にとって米ドル／円相場はドル安方向に下落したほうが企業収益にプラスになると考えられるが、日本は貿易黒字国なので全体としては円安（つまり、対米ドル以外では円安）となるほうが企業収益にとってはプラスである。しかし、このようにせっかく輸出企業が海外で稼いできたお金をうまく国内で使い、経済を活性化することができなければ、他国に比べて物価上昇率が低い傾向はさらに続き、結局長い目で見た円高傾向は続いてしまう。

このように日本で低インフレ傾向が続くことにより、長期的にそのペースに沿って円高傾向が続くとすれば、輸出企業は採算が取れなくなり、日本が貿易赤字国になることは理論的にはないはずだ。つまり、日本で低インフレ傾向が続くことにより発生する超長期的な円高傾向は、物価の上昇率の差に沿ったものとなるため、理論的には輸出企業の採算性に影響を与えないはずなのである。

ただし、そうは言っても、採算に影響を与えないためには、物価の上昇率の差に沿った形で輸出価格引き上げ交渉などを断続的に行っていかなければならず、現実的には輸出企業の収益を圧迫することも事実である（それでも、低インフレを主因にした長期的円高傾向で日本が貿易赤字になることはないであろうが）。つまり、輸出企業はせっかく海外からお金を稼いできても、それがうまく国内で使われず、国内では低インフレ傾向が続くため、結果的に常に収益を圧迫されるという状態にあるということなのである。

したがって、長期的視野に立った時に必要なことは、「円が買われるのはおかしい」とか「円安になるべきだ」と言い続けることではなく、円高傾向が長期的に続いてしまう理由、つまり低インフレ傾向が続く状態を何とか変えることを考えなければならないのである。因みに、こうした状況が続いているのは日銀が金融政策を十分緩和しないからだと言われることもある。しかし、これは先ほどの経済の流れを見れば明らかなように、日銀の金融政策の範疇を超えている。つまり、日本で低インフレが続いているのは、日本の個々人が活発に消費ができるほど将来に自信を持てず、企業も資金を借りて積極的に新規事業に打って出ようという気にならないからである。

最近、米国でも当局者や学者がやっとこのことに気づいたようだが、日本や米国で行われてきた量的緩和政策はこの問題に対してはほぼ無力であった。量的緩和政策は銀行にキャッシュを大量に保有させる政策である。しかし、問題は銀行にあるのではなく、活発に消費が行えない消費者と、リスクを取って事業を拡大しようとしない企業のほうにある。そして、そのような状況をつくっているのは国の構造的・制度的・税制的な問題である。金融政策で解決できる問題ではないのだ。

図表40　日本企業の海外現地法人の内部留保残高

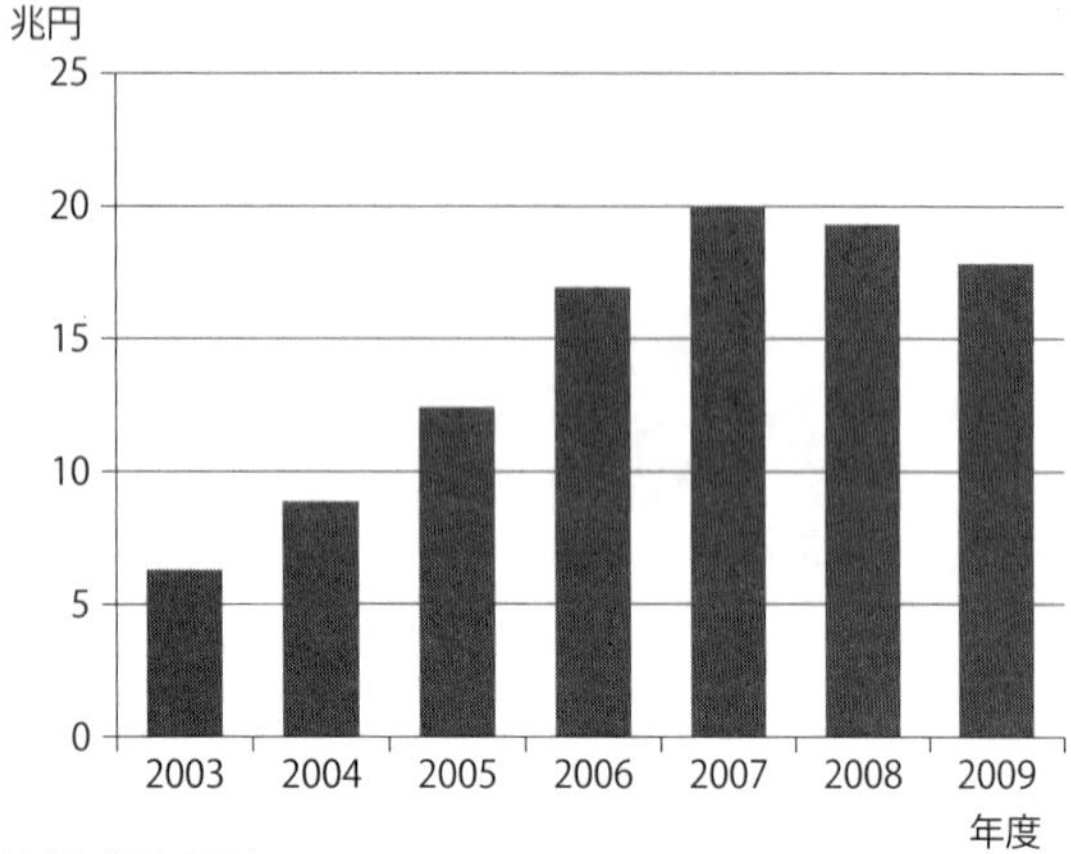

（出所）経済産業省

必要なのは海外で稼いだ資金を国内に還流させる政策

同時に考えなければならないのは、企業が海外で稼いだ資金を国内に還流させる政策である。前項で企業が海外で稼いだお金が結局は銀行を通じて国債に回っていると指摘したが、近年、海外で稼いだお金を海外に置き放しにする日本企業の例も増えている。企業の海外留保利益は２００９年度末現在18兆円に達している（図表40）。日本は国内での魅力的な投資案件が少ないため、企業は海外で稼いだ利益を必要以上には国内に戻そうとしないのだ。この結果、さらに経済の活力がなくなり、低インフレ傾向が続き、円高となる。そうなると企業は国外に生産拠点を移し、海外で稼いだ金は海外に留保される。その結果、経済の活力がなくなる、という悪循環に陥ってしまっている。

原子力発電所の問題で、電力不足に対する懸念から、日本企業が生産拠点を海外に移す動きが活発するのではないかとの懸念が聞かれる。企業の海外への生産拠点のシフトは最近始まったことではないのだが、電力不足に対する懸念や米ドル／円相場の円高方向への推移で動きが活発化するのではないかと心配する声は大きい。

誤解を恐れずに言うと、日本企業は採算の合わないものについては生産拠点を海外に移すべきだと思う。エマージング諸国等、賃金の安い国の台頭が目覚ましいなかで採算の合わない物を日本で生産し続けると、結局はどこかで無理が生じてしまう。重要なのは、日本の企業が海外で稼いだ利益をすべて国内に還流したくなるような仕組み、税制を整備することであろう。2009年4月から海外子会社配当の益金不算入という制度ができたが、さらに、海外で稼いだ利益を国内に還流させ、新たなビジネスを開拓し、雇用機会を創出した企業がメリットを受けるような制度をつくるべきではないだろうか。企業が海外で稼いだ利益を国内に還流させ、新しいビジネスを拡げれば、次に海外に生産拠点を移す企業で職を失う人の受け皿ができる。

もちろん、そんなにすべてがスムーズにうまく行くとは考えられないので、こうした動きはゆっくり慎重に行うべきだが、海外留保利益を国内に還流させ、企業が新たなビジネスを開拓しやすくなるようなシステム・制度を整備することは、早いうちから大胆に進めるべきだと考えている。それをスピーディーかつ大胆に進めれば、製造業は安心して生産を海外に移転し、そこで働いていた人たちは新たなビジネスで働く機会を得、そして海外に進出した企業が海外で稼いだ利益はすべて日本に還流され、日本経済は一段と潤うことになるのである。

日本には世界に誇れる文化がたくさんある。大震災後の大混乱のなかでも秩序を維持した日本人の行動は世界から賞賛された。製造業も日本が世界に誇れるものの1つである。こんなに数多くの企業の名前が世界中で知れ渡っている国は、ほかにはない。日本の製造業はこれまでも、そして今後も、日本が世界経済の中で生きていくうえでの、日本にとっての最大の武器なのである。

金価格が表す異常な金融政策

最後に図表41-1～4を見て欲しい。それぞれ、米ドル建て、ユーロ建て、円建て、ポンド建ての金価格の推移であるが、どの通貨に対しても金価格は大きく上昇していることがわかる。これらのチャートを逆さまにして見て欲しい。逆に何かが暴落しているような形になる。暴落しているのは言うまでもなく、米ドル、ユーロ、円、ポンドといったペーパーマネーの金に対する価

図表41-1 米ドル建て金価格の推移

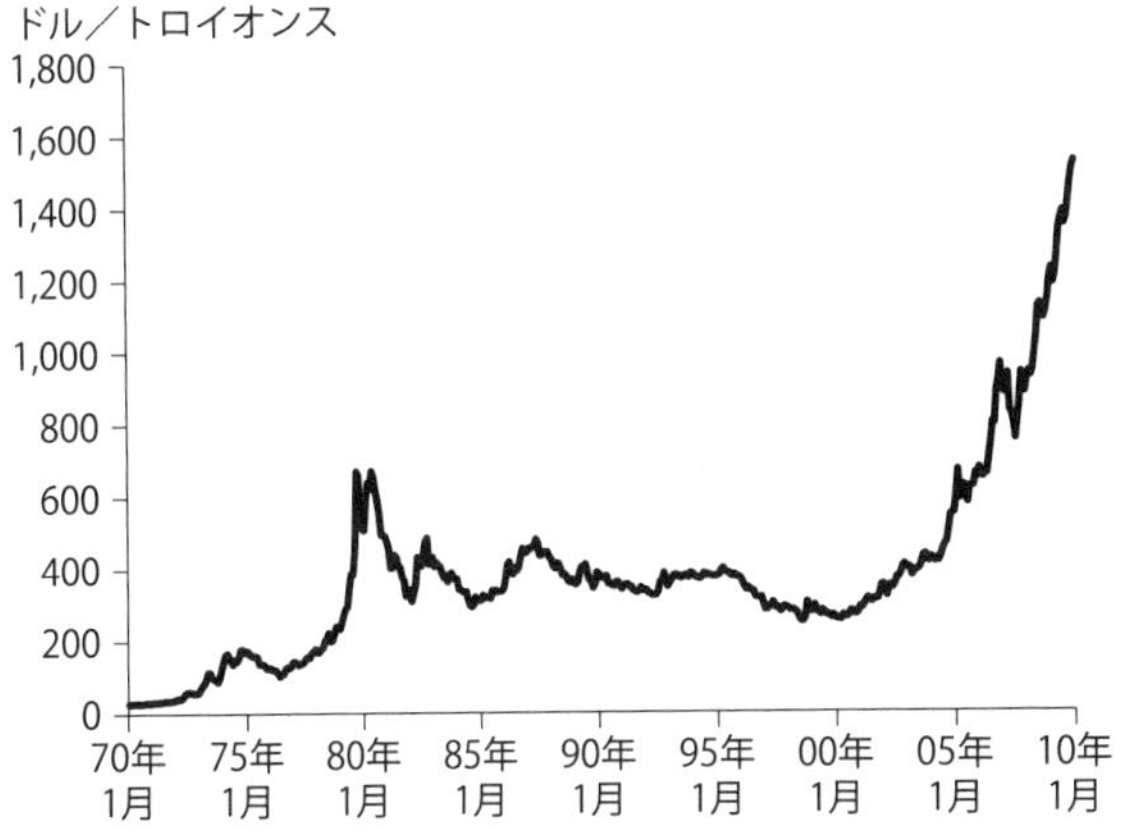

（出所）J.P.モルガン

図表41-2 ユーロ建て金価格の推移

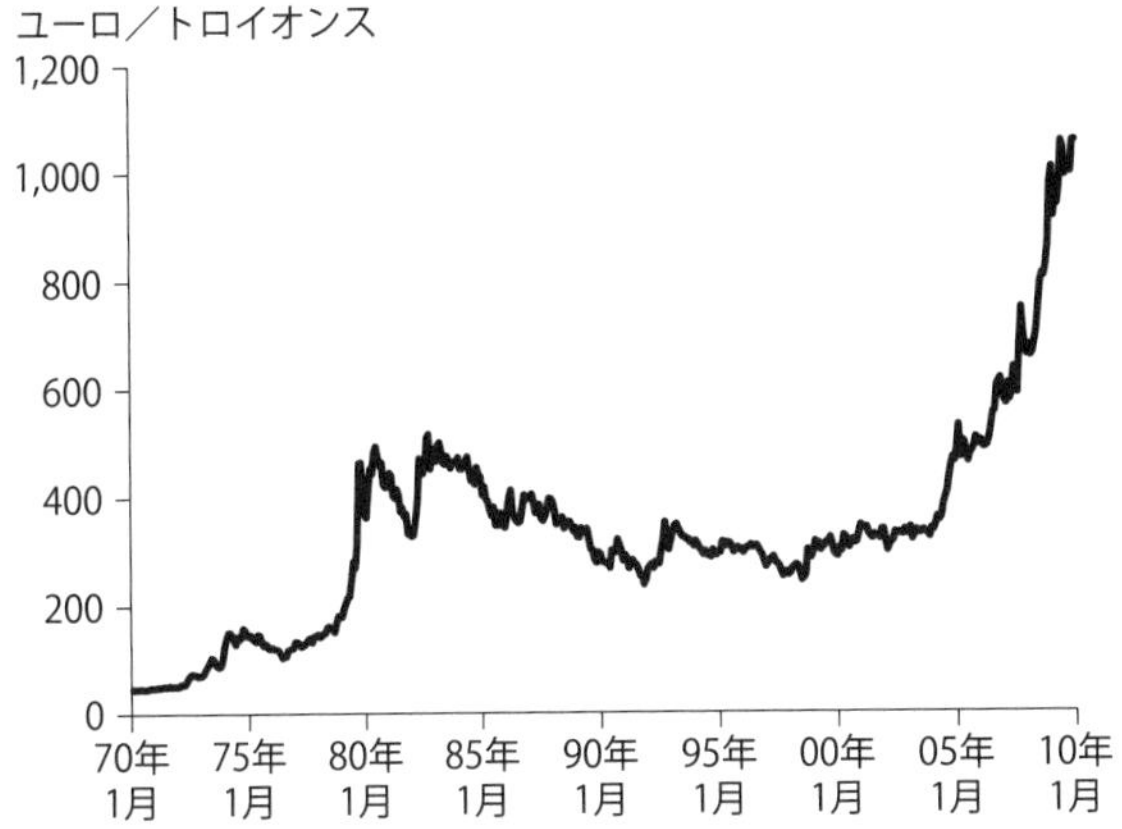

（出所）J.P.モルガン

図表41-3　円建て金価格の推移

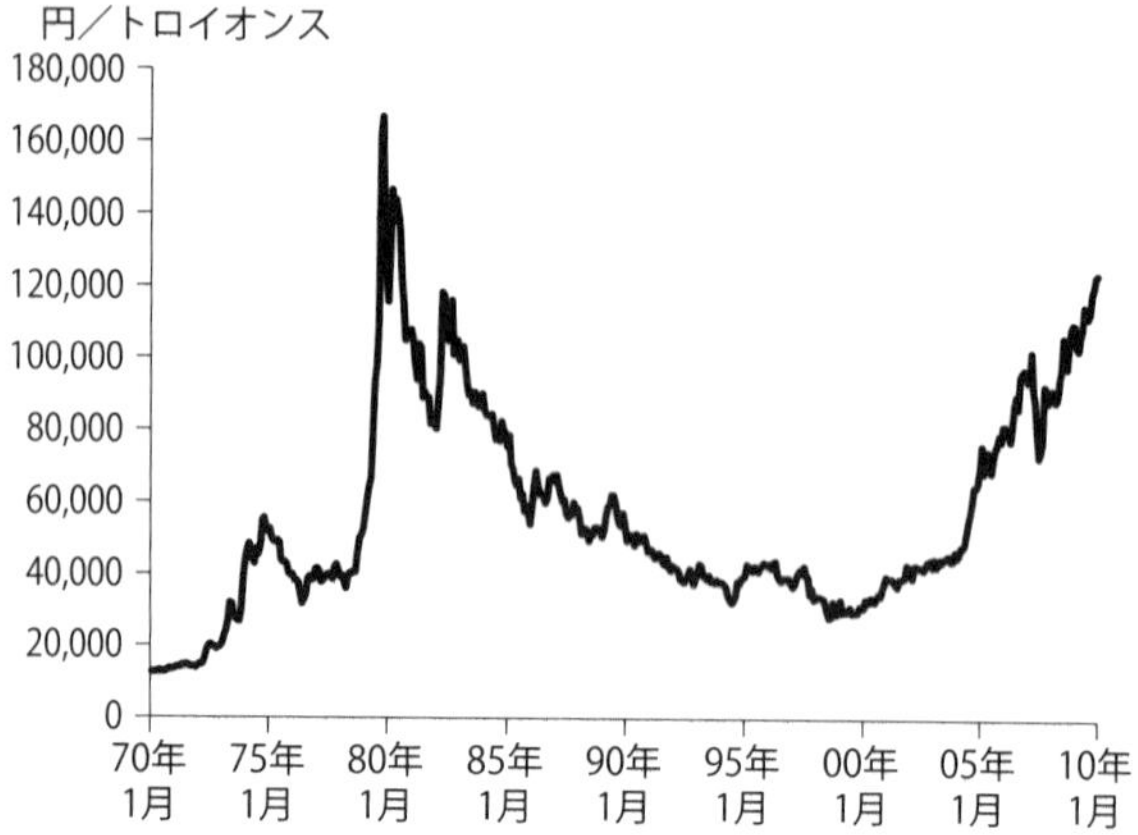

（出所）J.P.モルガン

図表41-4　ポンド建て金価格の推移

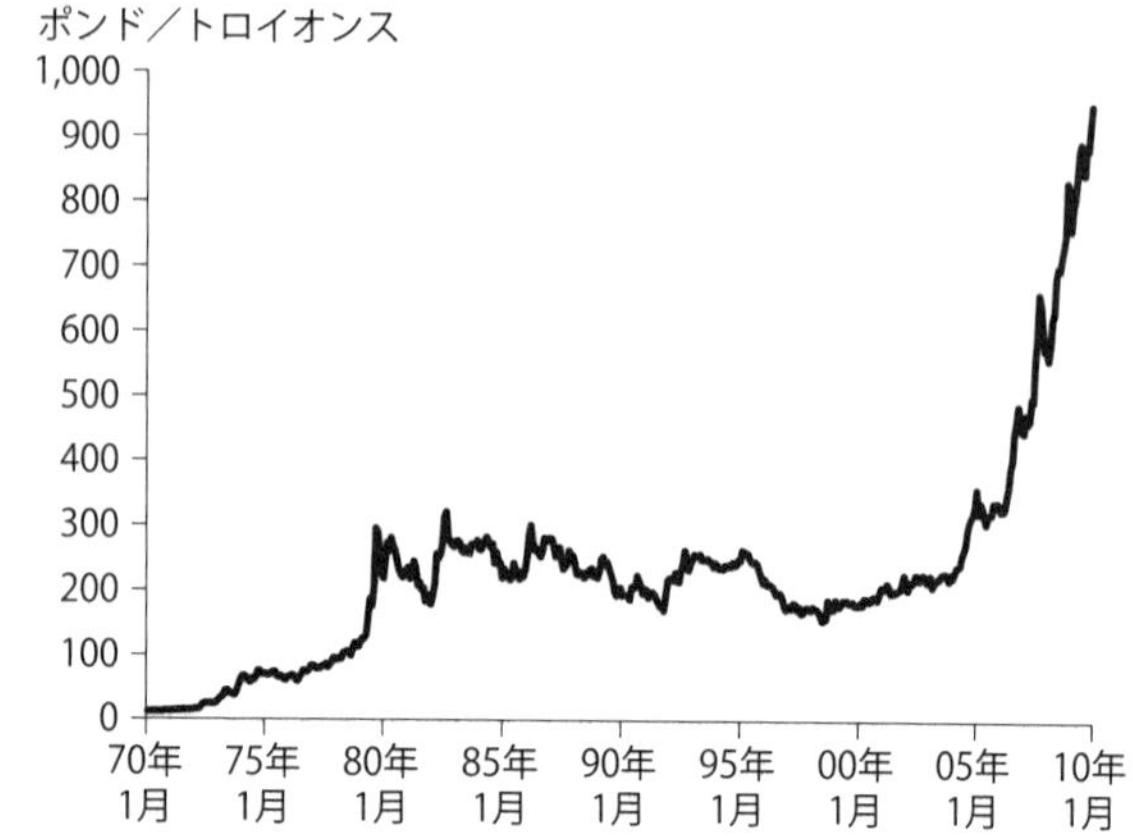

（出所）J.P.モルガン

値である。

なぜ、各国の中央銀行が発行するペーパーマネーの価値が暴落しているのか。それは、各国の中央銀行が採っている金融政策があまりに緩和的過ぎて、人々のペーパーマネーに対する信認が低下しているからであろう。一般的に「お金」として大事にされ、価値があると思われているものは、所詮は中央銀行が発行している紙切れに過ぎない。日本の紙幣は財務省印刷局でつくられ、日本銀行が発行するが、例えば1万円札の製造原価は概ね20円程度である。つまり、皆が1万円札の価値を信じなくなったら、それは単なる紙切れになる。そんな時に、人はそれほど簡単につくったりすることのできない実物資産を持ちたくなる。だからペーパーマネーに対する金の価値が急騰しているのである。

昔、1951年から70年まで、歴史上最も長くFRB議長を務めたウィリアム・マーチン・ジュニアは、「パーティーが盛り上がった時にパンチボウル（お酒）を取り上げるのが中央銀行の仕事である」と言った。しかし、最近の中央銀行は、どちらかと言うと「パーティーが盛り上がっている間は、白けさせないようにパンチボウルの追加をせっせと運び、参加者が飲み過ぎて泥酔した翌朝は迎え酒を持って行って、あくまでも盛り上げ役に徹している」ようにも見える。

このような状況が続けば、やがて人々の中央銀行に対する信任はなくなり、中央銀行が発行する紙幣の価値は低下していく（金価格を見ている限り、既に暴落を始めている）。

時折、中央銀行員がこうした中央銀行の理想論を口にすると、「中央銀行は自分の庭先さえ綺麗にしておけば、国の経済がどうなってもよいのか」と批判する人がいる。筆者はこの批判は全くのお門違いだと思っている。なぜなら、中央銀行は中央銀行のために仕事をしているのではないからである。中央銀行に自分の庭先などない。中央銀行がやっている仕事は我々の財布のなかに入っている紙切れの価値を維持することなのである。「国の経済のために中央銀行もバランスシートを汚せ」と言うのは、それが「国の経済のためなら、自分の財布に入っている紙幣の価値など暴落してもよい」と言っているのと同じである。言うまでもなく、自分の財布に入っている紙幣の価値が暴落すれば、結局はそれが国の経済にとって、最悪の事態になる。

こうした異常な金融政策を続けていると、いずれは悪性のインフレになるリスクがある。ゼロ金利政策や量的緩和政策は中央銀行の周囲（政治家、マスコミ、世論）が中毒になってしまっているので、やめるにやめられなくなっている。それほど長く歴史を辿らなくても、1つの政権、政策、サイクルがそれほど長く続いた試しはない。こうした異常な政策はいつかは終わる。しかし、中央銀行の周囲が中毒になっているため、おそらく中央銀行が適切なタイミングで終了させることはできないであろう。様々な形の中毒症状と同じように、どこかで強制的に終了させることになるのであろう。

その強制的な終了は、インフレという形でやってくるのではないだろうか。逆に言えば、インフレになるまでこの異常な金融政策は続けられることになってしまいそうである。今後10～20年後くらいの長期的な視野で為替相場を考えると、日本は結果的にインフレ率が上昇し、これまでとは異なり異常な円安が進むリスクがあると考えている（ただし、これは目先10年以内程度の期間では起きないと思うが）。

筆者がこうした超長期の見方を話すと、「こんなに長い間デフレが続いている日本でインフレが起きるのか？」と質問されることがある。こうした質問の背景には、日本経済はいつまでたっても需要不足なのだからインフレになどならないだろうという考えがある。しかし、悪性のインフレは需要増で起きるのではない。通貨の信認が失われた時に起きるのである。金価格の急騰は我々に将来そうしたことが起きるリスクに対する警告を発しているのではないだろうか。

あとがき

為替相場は債券相場や株式相場に比べると、金融関係に従事している人以外にも比較的馴染みの深いマーケットである。ただ、やっかいなことに、為替相場は一見すると非常に単純なマーケットに見えてしまい、その動きが簡単に理解できてしまうように思えるが、実は本当の動きを理解しようとすると意外に複雑で、一般的に理解されているような動き方はしないことのほうが多いのだ。ただし、マーケットがどのように動くかという基本的な事柄さえ理解すれば、「予測不可能」というほど滅茶苦茶な動きをしているわけではなく、大まかな方向性は予測可能であることもわかる。これまでは「為替相場の動きはわからない」と思っていた方々が、本書を読んだ結果、為替相場の動きについて少しでも理解を深めて頂けたなら幸甚である。

為替相場に様々な形で携わるようになって17年半が経過したが、そのうちの約半分は日本銀行という当局側の目線から、残りの約半分はＪＰモルガン・チェース銀行という大規模な取引が毎日のように繰り返される民間金融機関の目線から見ることができたのは貴重な経験だったと感じ、この17年半の間に得た為替相場に関する知識を世の中に還元する必要があるのではないかと思い本書を執筆した。

本書に記した内容は日本銀行やＪＰモルガン・チェース銀行で一緒に仕事をした上司や先輩、同僚から教えられたことが多く含まれている。また、現職においてお付き合いを頂いているお客様から教えて頂いたこと、もしくはディスカッションのなかで浮かんできたアイディアがもとになっていることも多く含まれている。もちろん、あり得る誤りはすべて筆者に帰するところであるが、これまで長い間為替相場に携わるなかで、筆者に貴重な情報、意見、アドバイスをくださったすべての関係者の方に深く感謝したい。本書はこうした方々のお蔭で完成したものである。

さらに付け加えておきたいのは、筆者がＪＰモルガン・チェース銀行に入行した時からずっと一緒に仕事をして、筆者に対して適確なアドバイス、サポートをし続けてくれている棚瀬順哉、佐藤眞理子両氏に対する感謝の気持ちである。２人が8年以上もの間一緒に働き続けてくれていることは、筆者の為替相場の分析に対して大きな力となっている。また、今年セールスから我々のリサーチ・チームに入ってもらった日比野杏奈氏の貢献も大きくなってきている。また、筆者はＪＰモルガン証券において債券リサーチ・チームのマネジメントも担当しているが、債券リサーチの山脇貴史、山下悠也両氏の高い分析能力がＪ・Ｐ・モルガンの情報発信に貢献していることにも言及しておきたい。

また、本書を仕上げるにあたって、日本経済新聞出版社の網野一憲氏には大変お世話になった。初めて本を執筆する筆者に様々なアドバイスを懇切丁寧にして頂き、心から感謝したい。

最後に、本書の内容および意見は、すべて筆者個人によるもので、所属する組織や特定のグループのものではないことをお断り申し上げたい。

２０１１年8月

佐々木　融

佐々木融　ささき・とおる

1992年上智大学外国語学部卒、日本銀行入行。調査統計局、国際局為替課、ニューヨーク事務所などを経て、03年4月、JPモルガン・チェース銀行入行。現在、同行マネジングディレクター、債券為替調査部長。日本証券アナリスト協会検定会員。

日経プレミアシリーズ｜138

弱《よわ》い日本《にほん》の強《つよ》い円《えん》

二〇一一年一〇月一一日　一刷

著者　佐々木融
発行者　斎田久夫
発行所　日本経済新聞出版社
http://www.nikkeibook.com/
東京都千代田区大手町一―三―七　〒一〇〇―八〇六六
電話（〇三）三二七〇―〇二五一（代）

装幀　ベターデイズ
印刷・製本　凸版印刷株式会社

ISBN 978-4-532-26138-2　Printed in Japan

日経プレミアシリーズ037

リスクをヘッジできない本当の理由

土方薫

金融工学はリスクを計算し上手にヘッジできる最先端の技術だったはず。それなのになぜ、くり返し危機が起こるのか。もう「想定外のことが起こった！」という言い訳に騙されてはいけない！　金融の専門家ほど見えなくなりがちなリスクの正体とは？　仮想マーケットを舞台に「市場の本性」を暴く。

日経プレミアシリーズ097

梅棹忠夫　語る

梅棹忠夫・小山修三

他人のまねをして何がおもしろい？――未知なるものにあこがれ、自分の足で歩いて確かめ、自分の目で見て観察し、自分の頭で考える。オリジナリティを大事にして、堂々と生きようやないか！　閉塞感・不安感に満ちた現代日本人に向け、「知の巨人」が最後に語った熱きメッセージ。

日経プレミアシリーズ113

世界経済のオセロゲーム

滝田洋一

日本を筆頭に先進国を覆うデフレと高齢化、新興国で進むバブルと政治変革のドミノ、つばぜり合い続く米中――。明と暗がめまぐるしく入れ替わる世界は、まるでオセロゲームのようだ。経済とマーケットをにらむ日経記者が、Ｇゼロ＝リーダー大空位時代の世界を読む。